ein Ullstein Buch

ein Ullstein Buch
Nr. 3430
im Verlag Ullstein GmbH,
Frankfurt/M – Berlin – Wien
Englischer Originaltitel:
Sorry, We Have Won
Ins Deutsche übertragen
von Friedrich Torberg

Ungekürzte Ausgabe
mit Zeichnungen von Dosh

Umschlagentwurf:
Hansbernd Lindemann
unter Verwendung einer Zeichnung
von Rudolf Angerer
Alle Rechte vorbehalten
Mit Genehmigung der
Albert Langen-Georg Müller
Verlags GmbH, München/Wien
© 1967 by Ephraim Kishon
© der deutschen Ausgabe 1968
Albert Langen-Georg Müller
Verlags GmbH, München/Wien
Printed in Germany 1980
Gesamtherstellung:
Augsburger Druck- und
Verlagshaus GmbH
ISBN 3 548 03430 6

August 1980
176.–225. Tsd.

Vom selben Autor
in der Reihe der
Ullstein Bücher:

Drehn Sie sich um, Frau Lot! (3427)
Der seekranke Walfisch (3428)
Wie unfair, David! (3429)
Der Fuchs im Hühnerstall (3431)
Kishons beste Familiengeschichten
(20001)
Der quergestreifte Kaugummi (20013)
In Sachen Kain & Abel (20025)
Es war die Lerche (20033)
Mein Freund Jossele (20053)
Kishon für Kenner (20065)

Kishon-Kassette
mit fünf Bänden (3492)

CIP-Kurztitelaufnahme
der Deutschen Bibliothek
Kishon, Ephraim
Pardon, wir haben gewonnen: Satiren/
Ephraim Kishon. Mit Cartoons
von Dosh. – Ungekürzte Ausg. –
Frankfurt/M, Berlin, Wien:
Ullstein, 1978.
  (Ullstein-Bücher; Nr. 3430)
  Einheitssacht.: Sorry we have won
  ⟨dt.⟩
ISBN 3-548-03430-6
NE: Dosh:
VW: Gardosh, Kariel (wirkl. Name)
→ Dosh

Ephraim Kishon

Pardon, wir haben gewonnen

Vom Sechs-Tage-Krieg
bis zur Siegesparade
Ein Jahr danach

Satiren
mit Cartoons von Dosh

ein Ullstein Buch

Wir widmen dieses Buch allen denen, die seine Entstehung ermöglicht haben, den Kämpfern des Sechs-Tage-Kriegs.

Kishon   Dosh

INHALT

Das vorliegende Buch unterscheidet sich von Kishons bisherigen Büchern vor allem dadurch, daß es nicht nur von Kishon, sondern auch von Dosh stammt. Dosh ist der Name des Karikaturisten, der im »Ma'ariv«, dem populären hebräischen Abendblatt (Auflage 300 000), die tägliche Kishon-Kolumne illustriert. Die Leser dieses Buchs werden in Dosh einen Meister der politischen Karikatur kennen lernen, den man getrost neben die Engländer Low und Viky oder den Amerikaner Herblock stellen darf. Mit der ständig wiederkehrenden Figur des kleinen Kibbuznik, der unter seinem spitzen Sonnenkäppi so erstaunt in die Welt guckt, als wunderte er sich immer noch, daß es ihn überhaupt gibt, hat Dosh die allgemein akzeptierte, ja fast schon klassisch gewordene Personifikation des jungen Staates Israel geschaffen, — vergleichbar dem »Uncle Sam« Amerikas, der »Marianne« Frankreichs, dem »deutschen Michel«, dem englischen »John Bull«. Und die Art, wie er den Kleinen mit all den Bedrängnissen fertig werden läßt, die ihm die Großen verursachen, atmet ganz und gar den Geist des Landes, für das er als Symbol gelten will (und dessen Bewohner ihn in zärtlicher Diminutivform »Srulik« nennen, was nichts anderes heißt als »Klein-Israel«). Der Zeichner Dosh ist die eigentliche Attraktion und jedenfalls die eigentliche Entdeckung dieses Buches.

Was Ephraim Kishon betrifft, so bedarf er in unseren Breiten keiner Entdeckung mehr. Aber auch ihn wird man aus den Begleittexten zu den Zeichnungen und mehr noch aus den Kommentaren zu einer Entwicklung, die Israel um die Früchte des Siegs zu bringen droht, von einer neuen Seite kennen lernen, und nicht von seiner lustigsten. Manche der im Verlauf des letzten Jahres entstandenen und hier erstmals wiedergegebenen Glossen sind von einer nur allzu verständlichen Bitterkeit getragen, haben nichts mit jener heiteren Gelassenheit und schmunzelnden Selbstironie zu tun, die für Kishon so typisch ist und die ihn auch bei uns beliebt und berühmt gemacht hat. Aber gerade wer den »typischen« Kishon kennt, gerade wer ihm für Stunden unvergleichlichen Vergnügens und unbeschwerter Heiterkeit zu danken weiß, wird ihm das Recht zugestehen, auch einmal gallige Pointen zu setzen. Er setzt sie genausogut und treffsicher wie die anderen. Und sie sind genausogut ein Teil seines Wesens, sie gehören zu ihm, wie er zu Israel gehört und Israel, ein Jahr nach dem Sechstagekrieg, zur Welt.

Friedrich Torberg

Wien-München, im Sommer 1968

LIBANON: Nein!

ÄGYPTEN: Ja!

LIBANON: Und warum gerade ich?

IRAK: Du bist die Vorhut der arabischen Einheit.

LIBANON: Wer? Ich?

SYRIEN: Ja, du. Und es wird dir gar keine Mühe machen, dem zionistischen Zwerg die Wasserquellen abzuschneiden. Ritsch — ratsch.

LIBANON: Welche Wasserquellen?

ÄGYPTEN: Die Quellflüsse des Jordan.

LIBANON: Der Jordan hat Quellflüsse?

JORDANIEN: Sie heißen Hasbani und Banias. Du hast nichts weiter zu tun, als diese beiden Flüßchen durch ein Kanälchen miteinander zu verbinden — und der zionistische Zwerg bricht unter ohrenbetäubendem Gepolter zusammen!

IRAK: So einfach ist das.

LIBANON: Aber warum ich?

JORDANIEN: Weil die beiden Quellen sich auf deinem Gebiet befinden. Befänden sie sich auf meinem — ich würde stolz und freudig meine nationale Pflicht erfüllen!

LIBANON: Mir fällt etwas ein. Wie wär's, wenn ich den Banias und den Hasbani auf jordanisches Gebiet ableite, damit Jordanien stolz und freudig seine nationale Pflicht erfüllen kann?

JORDANIEN: Das ist der größte Blödsinn, den ich seit meiner Unabhängigkeitserklärung gehört habe.

SYRIEN: Du vergißt, Bruder Libanon, daß man dir ohnehin nur eine ganz geringfügige Aufgabe zuweist. Ich selbst könnte den zionistischen Zwerg mühelos mit der linken Hand erledigen, wenn ich einen Vorwand fände, mich auf ihn zu stürzen. Ist das so schwer zu verstehen?

LIBANON: Dann bauen wir doch das Pumpwerk auf syrischem Gebiet! Warum nicht? Wirklich, warum nicht Syrien?

ÄGYPTEN: Syrien ist nicht so stabil wie du.

LIBANON: Ich bin stabil? Wer ist stabil? Ihr seht doch, wie es mich schüttelt. Ihr kennt doch meine inneren Schwierigkeiten.

ÄGYPTEN: Dann müssen wir eben losen. Wer hat eine Münze bei sich? Danke. Kopf oder Schrift?

LIBANON: Bitte, jemand andrer soll die Münze werfen! Nicht

Ägypten!

IRAK: Schön, ich übernehme den Wurf. Ich opfere mich . . .
Kopf. Libanon, das Schicksal hat dich auserkoren!

LIBANON: Schicksal? Wieso Schicksal? Ein idiotischer Zufall.
Und wer hat überhaupt gesagt, daß Kopf —

ÄGYPTEN: Genug! Weißt du, Libby, manchmal machst du beinahe den Eindruck, als hättest du Angst vor irgend etwas.

LIBANON: Bei mir zu Hause herrscht ein gewisser Wohlstand.

ÄGYPTEN: Ich habe dich gefragt, ob du Angst hast.

LIBANON: Angst? He . . . laß mich los! Loslassen, sag ich!

ÄGYPTEN: Nur wenn die keine Angst mehr hast.

LIBANON: Dann habe ich also keine Angst mehr.

ÄGYPTEN: Brav. Und sei unbesorgt — du fungierst ja nur als
Köder. Es geht alles ganz glatt. Der Köder kommt an den Angelhaken, die Angel gleitet ins Wasser, der Fisch sieht sie — und
schon ist es um ihn geschehn. Warum machst du so ein trauriges
Gesicht?

LIBANON: Ich denke an den Wurm.

IRAK: Unglaublich. Hast du denn gar kein Gefühl für die Ehre,
die dir zuteil wird? Du gehst in die Geschichte ein!

LIBANON: Das ist es ja, wovor ich mich fürchte.

SYRIEN: Wir werden dir zu Hilfe kommen.

LIBANON: Eben.

ÄGYPTEN: Du kannst in jeder Gefahr auf uns zählen.

LIBANON: Einen Augenblick. Was meinst du mit »Gefahr«?

ÄGYPTEN: Wenn du zum Beispiel angegriffen wirst — was Allah
verhüten möge und was wir erwarten.

LIBANON: Dann kommt ihr mir zu Hilfe?

ÄGYPTEN: Alle.

LIBANON: Auch du?

ÄGYPTEN: Im Hui. Verlaß dich drauf.

LIBANON: Ägyptische Soldaten?

ÄGYPTEN: Tausende!

LIBANON: Will ich nicht.

ÄGYPTEN: Warum nicht?

LIBANON: Weil ich nicht will. Ich habe meine Gründe.

ÄGYPTEN: Was für Gründe? Was heißt das? Sind wir Brüder,
oder sind wir keine Brüder?

LIBANON: Wir sind natürlich Brüder, aber mein Großpapa hat
mir auf dem Sterbebett einen Schwur abgenommen. »Mein Sohn«,

sprach damals mein Großpapa, »schwöre mir bei den ausländischen Guthaben in unseren Banken, daß du niemals, in Worten: niemals, einen ägyptischen Soldaten auf deinem Gebiet dulden wirst!« »Aber Opa!« rief ich. »Warum denn das?«

ÄGYPTEN: Und?

SYRIEN: Nun?

LIBANON: In diesem Augenblick starb er und nahm sein Geheimnis mit ins Grab. Nein, ich kann nicht. Opa bleibt Opa, das werdet ihr einsehen.

ÄGYPTEN: Merkwürdig. Aber wenn die Dinge so liegen, dann ist es klar, daß ich dein Gebiet nicht betreten werde.

LIBANON: Wer garantiert mir dafür?

ÄGYPTEN: Na hör einmal! Brauchst du eine bessere Garantie als unsern Grundsatz: »Niemals kämpfen Araber gegen Araber«?

IRAK: Dieser Grundsatz sollte dir genügen, Bruderherz. Nimm dir ein Beispiel am Jemen.

LIBANON: Mir genügt der Grundsatz. Selbstverständlich genügt er mir. Aber ich möchte ganz ausdrücklich keine ägyptische Truppen haben.

JORDANIEN: Du bekommst keine ägyptischen Truppen, du Idiot. Man hat dir ja schon gesagt, daß du keine bekommst.

LIBANON: Sie sollen nach Jordanien gehen.

JORDANIEN: Nur über deine Leiche.

LIBANON: Außerdem ist es vollkommen unlogisch, daß *ich* den Jordan ableiten soll. Ich heiße Libanon. Den Jordan hat Jordanien abzuleiten.

JORDANIEN: Sehr witzig.

LIBANON: Ich wiederhole, daß ich keine ägyptischen Truppen im Land haben will.

ÄGYPTEN: Schon gut, schon gut, ich komme nicht.

LIBANON: Auch nicht, wenn ich in Gefahr bin?

ÄGYPTEN: Nein. Ich versprech's dir.

LIBANON: Auch nicht, wenn ich dich um Hilfe bitte?

ÄGYPTEN: Auch dann nicht.

LIBANON: Und wenn ich auf die Knie falle und dich anflehe, mich zu retten?

ÄGYPTEN: Ich rühre keinen Finger. Ehrenwort.

LIBANON: Machen wir eine kleine Stellprobe. Nur damit Opas Seele ihren Frieden hat. Also. Der zionistische Zwerg ist auf mich losgegangen, und ich schreie um Hilfe. »Ägypten!« schreie ich.

11

»Rette mich vor dem zionistischen Zwerg! Zu Hilfe, Ägypten! Zu Hilfe!« Was tust du?

ÄGYPTEN: Ich bleibe so reglos sitzen wie jetzt.

LIBANON: Ausgezeichnet. Das wäre in Ordnung. Und jetzt möchte ich nur noch wissen, wer mich eigentlich retten wird.

JORDANIEN: Was fragst du so dumm? Amerika!

Die Grenzen unseres Staates sind ein Meisterwerk strategischer Planung. Sie laden zu immer neuen Sabotageakten und kriegerischen Handlungen ein, die immer neue Vergeltungsaktionen notwendig machen, die immer neue kriegerische Handlungen hervorrufen, die immer neue . . . und so weiter, bis es eines Tages vielleicht doch zur Festsetzung vernünftiger Grenzen kommen wird.

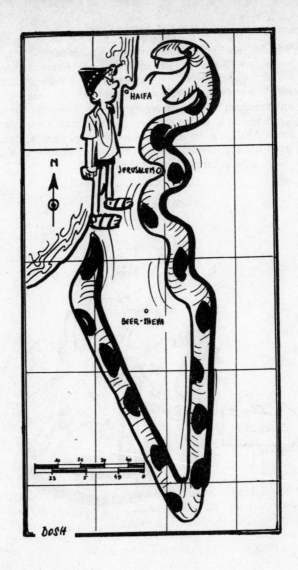

Wie die Geschichte lehrt, leben die Völker der Welt miteinander entweder im Frieden oder im Krieg. Israel lebt irgendwo dazwischen. Von dem sogenannten »Waffenstillstands-Abkommen« mit unseren arabischen Nachbarn, das wir 1948 unterzeichnet haben, ist eigentlich nur das Abkommen in Kraft getreten, und selbst das nur begrenzt: Unsere arabischen Nachbarn kommen ununterbrochen vom Waffenstillstand ab. Der sogenannte »Frieden« ist, obwohl er sich in nächster Nähe befindet, für uns unerreichbar.

Aus diesem Zustand hat sich eine Art des Zusammenlebens entwickelt, die als weltpolitische Neuerung gelten darf: die kriegerische Koexistenz. Dazu tragen nicht unwesentlich die vielen Flüchtlinge bei, die 1948, als unser kaum gegründeter Staat von unseren arabischen Nachbarn überfallen wurde, das Land verließen, weil man ihnen versprach, daß sie nach wenigen Tagen — also nach der Vernichtung Israels und der Wiederherstellung Palästinas — zurückkehren könnten. Als die Vernichtung nicht ganz programmgemäß ablief, blieben die palästinensischen Araber, wo sie waren. Ihre arabischen Brüder, außerstande, den Jammer der Flüchtlinge mitanzusehen, siedelten sie in Konzentrationslagern nahe der israelischen Grenze an, ließen sie von der UNNRA erhalten und lehrten sie schöne, melodische Haß- und Rachegesänge, um sie auf die Rückeroberung Palästinas vorzubereiten. Es versteht sich von selbst, daß dadurch die Friedensaussichten erheblich gefördert werden.

AUSSICHT AUF VERSTÄNDIGUNG

SONNTAG. Mein Name ist Hamid. Ich lebe hier in Nablus als Inhaber eines kleinen Ladens. Souvenirs, Luxusartikel und so. Ich kann nicht klagen. Seit wir vom Feind besetzt sind, gibt es wieder etwas Leben und etwas Touristen. Was immer man gegen die Zionisten sagt — zwei Dinge muß man ihnen lassen: Sie sind gute Kämpfer, und sie sind gute Käufer. Und jetzt, ausgerechnet jetzt, tauchen bei uns in Nablus diese kleinen Kundschafter auf, kommen zu mir in den Laden und übergeben mir diese kleinen Flugblätter, auf denen wir zum Streik aufgefordert werden. Nächste Woche sollen alle Geschäfte zusperren. »Was für ein Streik«, sage ich. »Wer braucht das. Allah liebt keine Streiks. Allah liebt Ladeninhaber. Erst gestern hat der zionistische Verkehrsminister eine Rede gehalten und hat — vielleicht nicht wörtlich, aber sinngemäß — erklärt, daß dieser Clown von einem Hussein lange warten kann, ehe er die verlorenen Gebiete zurückbekommt. Also geht schön nach Hause, Jungs, und die Geschäfte in Nablus bleiben offen.«

MONTAG. Die Geschäfte in Nablus haben geschlossen. Ein Teil der zionistischen Regierung namens Mapam hat bekanntgegeben, daß alles von Verhandlungen abhängt, ausgenommen die syrischen Höhen. Die sind endgültig. Meine Liebe gehört König Hussein. Er schützt uns, obwohl er in weiter Ferne ist, mit Flugblättern. In der Nacht ging ich ins Wäldchen, um in meinem kleinen Versteck nachzusehen, ob das Maschinengewehr noch dort ist. Es ist noch dort. Ende der Woche kommt ein Generalstreik. Vielleicht sogar eine Volkserhebung. Es lebe das Volk. Es lebe der König. Der Fremdenverkehr ist tot.

DIENSTAG. Gute Nachrichten, besonders für Luxusartikel. Ministerpräsident Eschkol hat gesagt, daß wir hier sind. Das heißt, daß *sie* hier sind. Darunter befinden sich viele Grenzpolizisten und einige mit roten Käppis, die es ernst meinen. Fallschirmjäger. Es sieht aus, als sollte Nablus, oder genauer Schomron, zionistisch bleiben. Ich habe mit einem gewissen Goldberger aus Bat Jam eine interessante Abmachung getroffen: Er versorgt mich mit zionistischen Luxusartikeln, und ich verkaufe sie den zionistischen Touristen, die mit den vielen Autobussen herkommen. Dieser Clown, wie heißt er nur, reißt schon wieder das Maul auf, daß wir eine Volkserhebung veranstalten sollen, über Radio Amman. Aber wir wollen Frieden. Die Banken haben wieder geöffnet. Ich brachte eine Fuhre Müll in den Wald und bedeckte damit das kleine Versteck.

MITTWOCH. Eilte gleich am Morgen zum Versteck und grub ein Loch, durch das ich jederzeit das Maschinengewehr herausholen kann. Wir müssen handeln. Der zionistische Minister Dajan hat eine Rede gehalten, daß sie das Westufer möglicherweise zurückgeben werden. Sie wollen nur da und dort ein paar Soldaten stationieren, zur Sicherheit. Ende der Woche ist Generalstreik. Ich habe Goldberger verständigt, daß ich ihn als Feind und nicht als Geschäftspartner betrachte. Außerdem nehme ich ab sofort am Guerilla-Training teil, habe mich in einen Schmugglerkurs einschreiben lassen und beziehe Widerstandsunterstützung aus Amman. Ein Pogrom hängt in der Luft. Nablus wartet nur auf den richtigen Augenblick.

DONNERSTAG. Das zionistische Verteidigungsministerium dementiert alles, was Minister Dajan gesagt hat. Minister Dajan hat für kommende Generationen gesprochen, nicht für heute. Fuhr zum Versteck und schüttete das Loch wieder zu.

FREITAG. Der zionistische Minister Abba Eban erklärt, daß es zu keiner Rückgabe der besetzten Gebiete kommen wird, außer durch Verhandlungen. Das heißt, daß sie die besetzten Gebiete zurückgeben werden, wenn es zu Verhandlungen kommt. Nach einer soeben erfolgten Durchsage von Radio Amman wird es aber zu keinen Verhandlungen kommen. Das heißt, daß es auch zu keiner Rückgabe kommen wird. Jedenfalls bis auf weiteres nicht. Ich habe mich deshalb entschlossen, die Widerstandsunterstützung aus Amman weiter zu beziehen und sie mit Goldberger zu teilen.

SAMSTAG. Minister Jigal Allon hat in einer Rede bestätigt, daß die Zionisten keinen Quadratmeter der besetzten Gebiete aufgeben werden, am allerwenigsten die Höhen von Golan. Die dort sind fein heraus. Ein Syrer müßte man sein. Dann wüßte man wenigstens, woran man ist. Brachte für alle Fälle das Maschinengewehr in ein neues, kleineres Versteck. Goldberger schlägt mir eine offizielle Partnerschaft vor: Gold-Hamid, Ltd. Keine schlechte Idee. Klingt nach Frieden. Und das ist es, was wir brauchen. Als heute wieder die kleinen Kundschafter mit den Flugblättern kamen, sagte ich ihnen: »Bei uns in Schomron wird es keinen Streik mehr geben, verstanden? Und wenn einer von euch nur einen Finger gegen mich hebt, dann, Allah ist mein Zeuge, ich bin nicht mehr der Jüngste, aber dann gehe ich zur Militärbehörde und zeige ihn an.«

SONNTAG. Heute hat kein zionistischer Minister eine Erklärung abgegeben. Unruhe in der ganzen Gegend. Einige Flüchtlinge sind in ihre Häuser zurückgekehrt. Das ist das Werk des Königs. Was für eine Energie steckt doch in diesem Kerlchen! Ich werde an den Vorbereitungen für die Verjagung der Zionisten teilnehmen. Jeder von uns bekommt eine bestimmte Aufgabe zugewiesen. Ich, zum Beispiel, soll Goldberger umbringen. Als guter Patriot habe ich mich dazu sofort bereit erklärt und eine Gefahrenzulage für arabische Einheit verlangt. Sobald ich die in meinem Geschäft lagernden Vorräte verkauft habe, kann Nablus wieder arabisch werden.

MONTAG. Die Zionisten veranstalten eine Volksbefragung. Warum veranstalten die Zionisten eine Volksbefragung? Weil sie für immer in Schomron bleiben, wie Minister Begin ohne Portefeuille heute erklärt hat. Neuer Müllhaufen über dem neuen Versteck. Kein Guerillatraining mehr. Bruder Goldberger schlägt eine vollständige Verschmelzung unserer beiden Geschäftsunternehmen vor — alles gemeinsam, bis auf den Reisepaß. Ein schöner, brüderlicher Gedanke.

DIENSTAG. Es ist zum Verrücktwerden. Fortschrittliche zionistische Linkskreise verlangen die Rückgabe aller besetzten Gebiete mit Ausnahme eines schmalen Korridors zu den Ölfeldern auf der Sinai-Halbinsel. Was geht mich die Sinai-Halbinsel an? Wo liegt die Sinai-Halbinsel? Habe Goldberger benachrichtigt, daß die Verschmelzung abgesagt ist und daß ich ihn für einen Defaitisten halte. Brachte bei Einbruch der Dunkelheit das Maschinengewehr in ein leichter zugängliches Versteck. Von diesen ewigen politischen Schwankungen habe ich Wasserblasen an beiden Händen.

MITTWOCH. Ein gewisser Dr. Fleischhacker aus Ness Ziona hat sich in einem Zeitungsinserat gegen die Rückgabe der befreiten Gebiete ausgesprochen. Das gibt mir wieder Hoffnung. Das Geschäft belebt sich. Goldberger wartet in der Autobus-Zentrale von Tel

Aviv, um die gelieferten Waren von mir zurückzukaufen. Auf den Umsatz kommt es an. Ich habe alle Flugblätter verbrannt und den Militärbehörden das Versteck des Maschinengewehrs angegeben, wie es meine Pflicht als Bürger der Provinz Judäa mit der Hauptstadt Schomron verlangt. Die kleinen Kundschafter versuchen mich unter Druck zu setzen. Machte ihnen einen Kompromißvorschlag, der auf Teilstreik abzielt: bei Nacht geschlossen, bei Tag geöffnet. Sie lehnten ab und nannten mich einen Verräter. Wie soll das enden?

DONNERSTAG. Lebwohl, Nablus, lebwohl, Schomron! Gestern erklärte Minister Peres, daß direkte Verhandlungen die einzige Möglichkeit sind, aber die syrischen Höhen bleiben Golan für immer. Dorthin übersiedle ich jetzt, mitsamt meinem Laden. Es ist die einzige Gegend, von der man annehmen darf, daß sie nicht nur kurzfristig befreit wurde. Ich eröffne mein Geschäft demnächst in einem der ehemaligen Bunker. Große Auswahl. Bequeme, absolut sichere Räumlichkeiten. Erstklassige Bedienung. Sorgfältige Preise. Die Zufriedenheit meiner Kundschaft geht mir über alles.

Goldhamid

Jeder israelische Versuch, aus Wüstensand, Sumpf und Gestein ein fruchtbares Land zu machen, wird von den Arabern als Provokation betrachtet, auf die sie mit energischen Gegenmaßnahmen — Wirtschaftsboykott, Sperrung des Suezkanals, Ableitung der Jordanquellen und ähnlichem — antworten. Die unausbleibliche Folge: ein völliger wirtschaftlicher Zusammenbruch. Bei den Arabern.

DIE SYRISCHEN HÖHEN

DOSH

Daß die beiden wichtigsten Wasserwege, die Israel mit der Außenwelt verbinden, für israelische Schiffe gesperrt bleiben sollen, beweist schließlich nur, welch großes Vertrauen die Araber in unsere Lebensfähigkeit setzen. Trotzdem können wir das Gefühl nicht loswerden, als schlösse sich eine rauhe Hand um unsern Flaschenhals. Mit anderen Worten: Man will uns abwürgen.

Freie Schiffahrt

STRASSE VON TIRAN

DOSH

Nicht nur zu Wasser, auch zu Lande stoßen wir immer wieder auf Hindernisse.

BITTE TRETEN SIE BEIDE ETWAS ZURÜCK, MEINE HERREN!

Unsere gelegentlichen Beschwerden werden von den United Nations immer streng objektiv behandelt. Die UN wahren das Prinzip »Gleiches Recht für beide« (in Fachkreisen auch UN-Recht genannt).

Das Zeitalter der Automation macht auch vor der hohen Politik nicht halt. Die Entscheidungen im Sicherheitsrat der Vereinten Nationen erfolgen bereits so automatisch, daß man sie der Einfachheit halber in Hinkunft maschinell durchführen will. Die Gebrauchsanweisung ist denkbar einfach: Oben wirft Israel eine Beschwerde ein, an der Seite drückt die Sowjetunion auf einen sogenannten »Veto«-Knopf — und unten kommt die Ablehnung heraus. Der Vorgang kann beliebig oft wiederholt werden, und aus lauter Freude an dem neuen Spielzeug wird er auch wirklich beliebig oft wiederholt.

IM ZEITALTER DER AUTOMATION

Lassen wir keine Mißverständnisse aufkommen. Sehen wir die Lage, wie sie ist. Ob Zweidrittelmehrheit oder nicht, ob Äthiopien dafür oder dagegen ist, ob Dahomey mitstimmt oder sich der Stimme enthält, ob es »Klärung der territorialen Verhältnisse im Nahen Osten« heißen wird oder, um Israel einen Gefallen zu tun, »Klärung der regionalen Probleme«, ob so oder so, ob jetzt oder später — die Vereinten Nationen werden beschließen, daß Israel sich auf die Grenzen vom 5. Juni 1967 zurückzuziehen hat, wenn nicht noch weiter nach hinten. So muß es sein und so wird es sein. Eine Schmach? Eine Schande? Eine erbärmliche Ungerechtigkeit? Gewiß. Aber das ist nun einmal der Lauf der Welt. Die Sowjetunion, die sich nach dem Krieg ein Viertel von Rumänien einverleibt hat und ein paar Happen von Polen und der Tschechoslowakei dazu; Polen, das seither einen nicht unbeträchtlichen Teil Deutschlands als Polen bezeichnet; Ägypten, das den Gazastreifen für sich reklamiert; Jordanien, das ohne zu fragen das Westufer des Jordans annektiert hat — sie alle vereinen sich zum großen Entrüstungschor: »Was? Gebietszuwachs durch Krieg? Gibt's nicht!«

Und unsere Freunde werden danebenstehen, werden ihre Hände falten und für unser Wohlbefinden beten.

Das Friedenslager, das eine enorme Kriegsmacht ist, wird die öffentliche Meinung — die wir durch unser beharrliches Verlangen, sogar nach einem gewonnenen Krieg am Leben bleiben zu wollen, ohnehin schon verärgert haben — in die nüchterne Sprache der Tatsachen übersetzen.

»Wenn man uns noch lange provoziert«, brüllt das Friedenslager, »dann reißt uns die Geduld und dann geschehen entsetzliche Dinge. Wir können in unserem heiligen Zorn für nichts garantieren!«

Vor diesen furchterregenden Worten erzittert und verstummt die ganze Welt.

Aber da tönt in die schreckensstarre Stille ein kleines, piepsendes Stimmchen:

»Auch uns reißt die Geduld«, läßt sich die Stimme Israels vernehmen. »Auch wir kennen uns nicht, wenn unser heiliger Zorn einmal geweckt ist. Da nehmen wir's sogar mit der Sowjetunion auf, oder mit wem immer. Sie sollen nur kommen. Wir erwarten sie.«

Vom Rand her, wo unsere betenden Freunde stehen, beugt sich Amerika an unser Ohr und flüstert:

»Seid ihr verrückt geworden? Ihr wollt gegen die Russen Krieg führen?«

»Kann sein, kann auch nicht sein«, flüstern wir zurück. »Wenn die sowjetische Militärmacht erst einmal im Nahen Osten aufmarschiert ist, werden wir weitersehen. Habt ihr etwas dagegen?«

Es wird natürlich sehr schwer für uns sein, dieses Spielchen zu spielen. Den Russen fällt das viel leichter. Es gehört zu ihrer Natur, Angst zu erregen. Sie haben alles, was dazugehört. Sie werden eine Million Freiwillige schicken, und Kanonen, und Flugzeuge, und Unterseeboote, und Kriegsschiffe, und alles mögliche einschließlich Mikroben. Fürchtest du dich, lieber Leser? Genau das wollen sie. Genau das ist der Ausgangspunkt und das Endziel ihrer Politik. Sie wollen, daß wir uns klein, elend und verloren vorkommen. Sie wollen uns an unserem eigenen Minderwertigkeitsgefühl zugrunde gehen lassen. Israel ein Staat? Zwei Millionen Juden ein Volk? Macht euch nicht lächerlich.

Aber da dürfen wir sie — und uns — vielleicht daran erinnern, daß diese lächerlichen zwei Millionen Juden in diesem lächerlich kleinen Staat die beste Armee geschaffen haben, die es im Nahen Osten jemals gab, das Mirakel einer Armee, in der jeder einfache Soldat im Hui zum Kommandanten werden kann und jeder Kommandant im Hui zum einfachen Soldaten, eine Armee, die aus ganz und gar unmilitärischen Menschen besteht, die allergisch ist gegen Menschenverluste, und nicht nur gegen die eigenen. Manche ihrer Soldaten haben beim Anblick der von ihnen getöteten Feinde geweint, ohne sich für ihre Tränen zu schämen. Es ist die menschlichste Armee der Welt. Und ist dennoch — oder vielleicht deshalb? — eine der besten. Auf dem politischen Parkett sind wir der Sowjetunion und ihren Helfershelfern ausgeliefert. Auf dem Schlachtfeld verhält sich das nicht ganz so. Merkwürdig, nicht?

Wir brauchen Freunde, und wir brauchen gute Nerven. Freunde können wir leider nicht im Eigenbetrieb herstellen. Aber für unsere Nerven müssen wir selber sorgen. Wir müssen den schweren Zeiten, die uns bevorstehen, gewachsen sein. Wir sind bereit, jedes Opfer zu bringen, mehr zu arbeiten, weniger zu essen, auf Auslandsreisen zu verzichten und sogar Einkommensteuer zu zahlen. Wir sind *nicht* bereit, wir sind um keinen Preis bereit, uns auch nur einen einzigen Schritt zurückzuziehen, bevor der Frieden geschlossen ist. Wir stehen auf dem Standpunkt, daß wir uns eigentlich schon zurückgezogen haben. Wir hätten Damaskus und Kairo einnehmen können und haben es nicht getan. Das war unser Rückzug. Jetzt halten wir die zweite Verteidigungslinie, und die halten wir. Keine Macht der Welt kann uns zwingen, sie aufzugeben.

Du glaubst das nicht, lieber Leser? Um Himmels willen, laß dir's nicht anmerken. Du mußt so tun, als ob du ganz fest davon überzeugt wärest. Die Welt beobachtet dich.

33

DER DRITTE MANN

»JETZT WEISS ICH ENDLICH, WIE ICH AUSSEHE.«

Eines Tags überraschte der sowjetische Geheimdienst die Welt mit der Entdeckung, Israel bereite einen Angriffskrieg gegen Syrien vor. Das klang so überzeugend, daß sogar der sowjetische Geheimdienst daran zu glauben begann.

Etwas braut sich zusammen

Die Aufgabe eines Generalsekretärs der Vereinten Nationen besteht hauptsächlich darin, den Finger immer am Puls des Weltgeschehens zu haben, die möglichen Entwicklungen einer bestimmten politischen Situation rechtzeitig wahrzunehmen und ihnen ebenso feinfühlig wie feinhörig zuvorzukommen. U Thant zeigt sich darin als wahrer Meister. Kaum hatte Nasser »Hände —« gerufen, warf sie U Thant schon hoch und zog die UNO-Sicherheitstruppen von der ägyptisch-israelischen Grenze zurück. Nasser war von diesem Entgegenkommen nicht wenig überrascht. Aber es blieb ihm nichts andres übrig, als die entsprechenden Konsequenzen zu ziehen und sich selbst beim Wort zu nehmen.

»ICH ERGEBE MICH!«

UN-TRUPPEN IM GAZA-STREIFEN

DOSH

Der kalte Krieg brachte
die arabische Welt in
immer größere Hitze.
Auch wir begannen ein
wenig zu schwitzen.

DAS ISRAELISCHE
PARLAMENT

Manche Leute glauben allen Ernstes, daß unsere
Regierung die wachsenden arabischen Provoka-
tionen tatenlos hinnehmen würde. Sie glauben
es mit Recht.

47

»Onkel Sam?«

»Ja?«

»Onkel Sammy, ich habe eine großartige Idee.«

»Und zwar?«

»Schließen wir einen Nichtangriffspakt ab!«

»Wozu? Wir sind doch ohnehin miteinander befreundet.«

»Natürlich sind wir das. Aber warum mußt du immer diesen Nasser unterstützen, der mir an den Kragen will?«

»Eben darum.«

»Ich verstehe dich nicht, Onkel Sammy. Was meinst du?«

»Es handelt sich hier um politische Psychologie, mein Junge. Davon hast du offenbar keine Ahnung. Jetzt beantworte mir einmal eine ganz einfache Frage: Wer ist gefährlicher, der Starke oder der Schwache?«

»Der Starke.«

»Ich wußte, daß du das sagen wirst. Es ist falsch. Die Schwachen sind viel gefährlicher.«

»Wieso?«

»Kann ich dir erklären. Solange Nasser das Gefühl hat, daß es für ihn nicht gut ausgehen würde, wenn er dich angreift, solange reißt er den Mund auf und brüllt in alle Welt hinaus, daß er dich zu Schisch-Kebab verarbeiten wird. Auf diese Art will er seine Minderwertigkeitsgefühle kompensieren. Und das ist eine sehr gefährliche Situation.«

»Was ist so gefährlich daran? Er soll kompensieren, so viel er will.«

»Unterbrich mich nicht immer! Ich plane auf lange Sicht. Du mußt die Dinge ein wenig vernünftig betrachten, dann wirst du sofort merken, wie richtig das ist. Wenn wir Nasser behilflich sind, seine Diktatur zunächst einmal innenpolitisch zu festigen, wenn wir ihn dann den ganzen Nahen Osten erobern lassen und wenn wir ihm auch noch Geld für die Waffen geben, die er von den Sowjets bezieht, dann wird er sich früher oder später richtig stark fühlen und wird dich nicht länger angreifen müssen, um zu beweisen, daß er es ist. Es könnte sogar sein, daß er dann mit dir Frieden schließt. Hast du verstanden?«

»Nicht ein Wort.«

»Weil du mir nicht zuhörst. Weil du nicht weißt, was in den

Köpfen anderer Leute vorgeht. Nimm zum Beispiel an, daß jemand, der stärker ist als du, dich irgendwann einmal fürchterlich verprügelt hat. Daraufhin hast du dir feierlich geschworen, den Kerl umzubringen. Brennend vor Rachedurst, läßt du dich in einen Gymnastikkurs einschreiben, nimmst nur noch vitaminreiche Nahrung zu dir, trainierst Tag und Nacht, wirst gesund und muskulös und kaufst dir einen Revolver. Eines Morgens ist es soweit. Du wachst auf, trittst vor den Spiegel, läßt deine Muskeln spielen und sagst: So, heute bring ich ihn um. Aber wirst du das wirklich tun?«

»Selbstverständlich!«

»Du wärest wirklich dazu imstande?«

»Und wie! Deshalb habe ich ja die ganze Zeit trainiert.«

»Ich hätte nicht gedacht, daß du so ein primitiver Mensch bist. Du verstehst eben keine Gleichnisse.«

»Darf ich dir auch ein Gleichnis erzählen, Onkel Sam?«

»Meinetwegen. Aber mach schnell, ich bin in Eile.«

»Es wird nicht lange dauern. Hör zu. Dieser Fidel Castro — der ist doch sehr gefährlich für dich, solange er schwach ist. Aber wenn er viele, viele Atomwaffen und Raketen hätte, müßte er sich nicht länger schwach fühlen. Es wäre also das beste für dich, Onkel Sammy, wenn du ihm viele Raketen und Atomwaffen schickst, damit er —«

»Halt, halt! Was sprichst du da für Unsinn? Das wäre ja der reine Selbstmord.«

»Eben.«

»Was: eben?«

»Genau das gleiche hast du mir mit Nasser geraten.«

»Aber die beiden kann man doch nicht miteinander vergleichen!«

»Wieso nicht? Du wirst von Castro bedroht und ich von Nasser.«

»Aber der eine ist ein Kommunist und der andere nicht.«

»Erstens ist das gar nicht so sicher und zweitens macht das für mich keinen Unterschied.«

»Für dich? Wer spricht von dir?«

ESHKOL

DOSH

Liebe Freunde, es wäre ein Irrtum zu glauben, daß Charles de Gaulle, der weise General und erfolgreiche Staatenlenker, ein Antisemit sei. Er ist es nicht. Er hat weder etwas gegen die Juden noch gegen den jüdischen Staat als solchen. Er ist ganz einfach ein Realpolitiker.

In dieser Eigenschaft machte er eines Tags die Entdeckung, daß die Araber den jüdischen Staat nicht gern haben, und daraufhin fiel's ihm wie Schuppen von den Augen.

»Mon Général«, sprach er zu sich selbst, »wenn Sie die Beziehungen mit Israel abbrechen, werden Sie der Liebling des Orients.«

Gesagt, getan. Natürlich nicht auf einmal. Zuerst tadelte uns der General für unsere Aggressionen. Wir reagierten maßvoll; in der israelischen Öffentlichkeit machte sich zwar ein leichtes Befremden geltend, aber kein Bedürfnis nach einer Verschärfung der Lage. Daraufhin verhängte der General ein Waffenembargo über uns, lehnte sich zurück und erwartete den unausbleiblichen Krach, der trotzdem ausblieb. »Wir hoffen, daß Präsident de Gaulle seine ebenso ungerechte wie unverständliche Entscheidung bald wieder rückgängig machen wird«, hieß es in den Leitartikeln unserer Zeitungen.

Jetzt wurde der General allmählich böse. Ohne Mitarbeit unserer Regierung gab es keinen Bruch mit Israel, ohne Bruch mit Israel gab es kein arabisches Öl, und ohne arabisches Öl macht das Leben keinen Spaß. Infolgedessen sah sich der General zu schärferen Maßnahmen genötigt. Er lud die Repräsentanten unserer Luftwaffe nach Paris ein, zeigte ihnen seine glitzernden Mirage-Flugzeuge und sagte: »Diese Flugzeuge gebe ich jetzt den Irakern, weil sie ein zivilisiertes Volk sind.« Seine Hoffnung, daß wir jetzt endlich unsere Zurückhaltung aufgeben würden, schlug fehl. Abba Eban, einer der bedeutendsten Zurückhalter der internationalen Diplomatie, gab seiner Überzeugung Ausdruck, daß die Worte des Generals nicht das letzte Wort wären.

»Na schön«, sagte der General. »Dann sollt ihr jetzt etwas zu hören bekommen!«

Und er hielt eine Rede, die von antisemitischen Ausfällen und israel-feindlichen Wendungen derartig strotzte, daß wir wohl oder übel protestieren mußten. Der Rest ist bekannt. Ölverträge, Waffenbestellungen, Konzessionen — alles, was die Araber zu bieten

DE GAULLE

haben, fiel dem General in den Schoß.

Weil wir dumm sind. Strohdumm.

Wir hätten wissen müssen, daß dem General nichts so süß in die Ohren klingt wie unsere Schmerzensschreie, daß jeder gegen ihn gerichtete Leitartikel ihm das Vordringen in die umkämpften Nahost-Regionen erleichtert, daß sich auf Grund unserer Proteste seine Flugzeuge verkaufen wie warme Semmeln. Unablässig handeln wir im Dienst des Generals, unablässig fördern wir seine Interessen in der arabischen Welt. Ohne uns hätte er's nicht halb so weit gebracht. Unsere Regierung sollte endlich aufhören, ihm zu Willen zu sein. Schluß mit der Unterstützung de Gaulles! Verfolgen wir unsere eigenen Zwecke! Wenn wir ihn unter Druck setzen wollen, brauchen wir nichts weiter zu tun, als ihn zu loben, als durchblicken zu lassen, daß er uns insgeheim jede nur mögliche Hilfe angedeihen läßt, daß wir uns in Wahrheit auf ihn verlassen können wie eh und je. Unser Ministerpräsident sollte sich in der Knesseth eine unauffällige kleine Anfrage bestellen, deren Beantwortung am nächsten Tag internationale Schlagzeilen machen würde:

ESCHKOL: »LEIDER NICHT IN DER LAGE, GENAUERE AUSKÜNFTE ZU GEBEN. KANN NUR SAGEN, DASS DE GAULLE NACH WIE VOR UNSER FREUND IST!«

Daraufhin würde der Irak alle Verträge zerreißen, der Libanon würde die Mirageflugzeuge zurückschicken, die Öllieferungen würden eingestellt werden und de Gaulle würde in Panik verfallen. Um zu retten, was noch zu retten ist, würde er im französischen Fernsehen eine Rede halten, aus der klar hervorginge, daß die Juden für ihre Osterbrote das Blut geschlachteter Christenkinder verwenden, weil sie schon immer ein herrschsüchtiges Volk waren.

Und was wäre unsere Antwort darauf? »Ganz richtig, mon Général«, würden wir sagen. »Genauso ist es!« Kein Protest. Kein Aufschrei. Nur Zustimmung. Solange de Gaulle gegen uns ist, brauchen wir ihn nicht zu verfluchen. Dazu haben wir Zeit, wenn er uns wieder Flugzeuge liefert.

Unsere Freunde standen der verzweifelten Lage, in die wir geraten waren, keineswegs teilnahmslos gegenüber. Unaufhörlich dachten sie darüber nach, wie sie uns aus der mörderischen Umklammerung befreien könnten. Und sie entdeckten auch wirklich, was wir zu diesem Zweck unternehmen sollten: nichts.

HABEN SIE ETWAS GESAGT?

FIEBERHAFTE
DIPLOMATISCHE TÄTIGKEIT

ABBA
EBAN

DOSH

Vor allem möchte ich Ihnen versichern, daß weder ich noch sonst jemand in Israel Sie beneidet. Sie schleppen auf Ihren Schultern eine schwere Bürde durch die Welt: Sie haben einen isolierten Kleinstaat zu repräsentieren, der, obwohl er isoliert und klein ist, am Leben bleiben will. Wir können uns nur allzu gut die höfliche Begräbnisstimmung vorstellen, mit der Sie von den Großen dieser Welt empfangen werden. Wir hören beinahe das unterdrückte Flüstern ihrer Anteilnahme. Und wir wissen, daß Sie uns mit Würde und Weisheit vertreten.

Genau davor haben wir Angst, lieber Abba Eban. Genau das macht uns Sorgen: daß Sie ein vernünftiger, kultivierter Mensch sind, der nicht nur über große staatsmännische Fähigkeiten verfügt, sondern auch über hohe Bildung und gute Manieren.

Die Welt schätzt das nicht. Die Welt schätzt das Gegenteil. Man kann auf die Welt nur durch Härte und Rücksichtslosigkeit Eindruck machen. Nur wer sich wie ein wilder Mann gebärdet, hat Aussicht auf Erfolg.

Wenn Sie in Ihren Mußestunden Poker spielen (also gewiß nicht jetzt), dann haben Sie im gleichen Augenblick verloren, in dem Ihre Partner eine bestimmte Logik in Ihrem Spiel entdecken. Denn von da an können sie jeden Ihrer Schritte voraussagen und sich danach richten. Deshalb begeht ein wirklich erstklassiger Pokerspieler am Beginn der Partie immer ein paar haarsträubende Fehler, um seine Partner irrezuführen, um sie glauben zu machen, daß er völlig systemlos spielt und daß sie bei ihm auf alles gefaßt sein müssen. Logik ist schädlich, berechenbares Verhalten ein schwerer Nachteil. Das gilt für Poker und alle ähnlichen Anlässe.

Nehmen wir beispielsweise zwei Männer, die einander mit gezückten Messern gegenüberstehen.

»Rühr dich nicht!« warnt der erste. »Ein Schritt — und ich stech' dich nieder!«

»Versuch's nur!« schreit der zweite, indem er einen Schritt nach vorn macht. »Mir ist es gleich, was du tust.«

Und damit hat er sich die denkbar günstigste Position gesichert: die Position der Stärke. Die Umstehenden eilen auf ihn zu, um ihn zu besänftigen und ihm alle möglichen Versprechungen und Zugeständnisse zu machen — den andern, der ihn vergebens gewarnt hat, würdigt niemand eines Blicks. Der andere ist vernünftig und infolgedessen ungefährlich.

Hysterie macht sich bezahlt. Sie wird von erfahrenen Politikern wärmstens empfohlen. Das von der Sowjetunion geführte Friedenslager hat so lange floriert, wie man von der Annahme ausging, daß die Russen mit allen Mitteln zur Wahrung ihrer Interessen entschlossen sind und nicht einmal vor einem Atomkrieg zurückscheuen. »Aber ein solcher Krieg, meine Herren, würde doch auch euch vernichten«, warnten die vernünftigen Amerikaner. »Macht nichts«, schnaubten die Russen. »Das riskieren wir.« Und mit dieser Taktik haben sie die längste Zeit alles erreicht, was sie wollten. Erst der kubanische Test brachte ihnen einen kleinen Rückschlag, von dem sie sich aber schon wieder erholt haben. Neuerdings hat auch die Volksrepublik China eine ähnliche Taktik eingeschlagen und hat damit ein paar schöne Erfolge erzielt. Man muß nur den wilden Mann spielen, dann geht's schon. Wer sich jeder Verantwortung entschlägt, für den übernehmen sie die anderen.

Und deshalb, lieber Abba Eban, beunruhigt es uns so sehr, wenn Sie vor dem Forum der Welt mit ruhiger Stimme und in wohlgesetzten Worten die Gerechtigkeit unserer Sache beweisen, wenn Sie die in der UNO versammelten Völker an ihre feierlichen Versprechungen erinnern, wenn Sie sich auf vertragliche Abmachungen berufen oder gar auf die internationale Moral seligen Angedenkens. Da hilft es wenig, am Schluß einer solchen Rede hinzuzufügen, daß uns gegebenenfalls — nämlich wenn unsere Bitten und Beschwörungen ungehört verhallen — keine andere Wahl bliebe als zu kämpfen. Das macht dann keinen Eindruck mehr. Es wäre viel besser gewesen, vor dem Plenum der Nationen einzugestehen, daß wir kein Recht auf freie Schiffahrt durch die Straße von Tiran haben und daß wir den Krieg, den wir deshalb vom Zaun zu brechen planen, aller Voraussicht nach verlieren würden — aber wir beginnen ihn trotzdem, noch heute abend oder spätestens morgen früh, und es kümmert uns nicht, wenn der Planet darüber in die Luft fliegt . . .

Das, verehrter Herr Außenminister, wäre eine überzeugende Sprache gewesen. Hernach, unter uns, hätten wir die Lage ruhig überdenken können, gewissermaßen für den Hausgebrauch. Wir wären zu dem Ergebnis gekommen, daß wir den Krieg aller Voraussicht nach gewinnen würden, nicht weil wir hysterisch sind, sondern weil wir eine gute Armee haben, die weiß, wofür sie kämpft. Wir würden gewinnen, nicht weil das Recht auf unserer Seite ist oder weil das Weltgewissen plötzlich erwacht wäre, sondern weil

dieses kleine Land, dieser kaum sichtbare Farbfleck auf der Landkarte, unser Land ist, das einzige Land, in dem wir leben können,
und weil unser Leben sonst keinen Sinn hätte. Das sollten Sie be-
denken, lieber, verehrter, unter der Last einer ungeheueren Verantwortung gebeugter Abba Eban. Was immer man Ihnen verspricht,
was immer die großen Mächte sich an »Lösungen« unseres Pro-
blems ausdenken mögen: Das Problem besteht einfach darin, daß
wir unser Land nicht aufgeben können, nicht aufgeben wollen, nicht
aufgeben werden. Das ist unsere Überzeugung, und wir sind vollkommen ruhig und vollkommen logisch zu dieser Überzeugung ge-
langt. Aber der Welt zuliebe, und um ihr die Sache zu erleichtern,
sollten wir endlich so tun, als ob wir hysterisch und verantwortungs-
los wären.

Laßt uns um Himmels willen und auf professioneller Basis die
Rolle des Verrückten übernehmen. Laßt uns gefährlich sein.

Im letzten Augenblick entschloß sich auch König Hussein, auf den Kriegswagen zu springen. Er hatte Angst, daß er sonst bei der Verteilung der Beute vielleicht nicht dabei wäre. Ein paar Tage später war er dabei. Wir haben ihn nicht enttäuscht und werden die Beute bis auf weiteres für ihn verwalten.

SPRING SCHÖN!

Vor der Durchführung einer Vergeltungsaktion auf jordanischem Gebiet, die der Zerstörung eines besonders gefährlichen Terroristenzentrums der »Al Fatach« und des dort befindlichen Waffenlagers gelten sollte, warf die israelische Armee Flugblätter ab, um die Zivilbevölkerung zu warnen und ihr Verhaltensmaßregeln für ihre Sicherheit zu erteilen. Die Folgen waren unverhältnismäßig hohe Verluste an Menschen und Material auf seiten der Israelis.

WIE MAN EINE STRAFEXPEDITION VORBEREITET

Liebe Freunde von der »Al Fatach«-Gruppe!

Wir erlauben uns, dieses Flugblatt über Eurer Operationsbasis abzuwerfen, um euch über unsere bevorstehenden Pläne zu informieren. Als Vergeltung für die in der letzten Zeit von Euch verübten Bombenanschläge, die — vom Sachschaden abgesehen — zahlreiche Todesopfer gefordert haben, wird unsere Armee sich gestatten, eine Strafexpedition in Euer Gebiet zu unternehmen, und zwar vom Südosten her in Richtung Amman, jedoch ohne die Stadtgrenzen zu überschreiten. Wir haben die Absicht, uns morgen um 4.30 Uhr auf den Weg zu machen und uns entlang der Linie Namrin-Salad fortzubewegen. Unser Expeditionskorps wird 80 (achtzig) Centurion-Tanks vom Baujahr 1963 mitführen, die mit 10-cm-Kanonen ausgerüstet sind. Auf Unterstützung durch unsere Luftwaffe verzichten wir.

Liebe Terroristenfreunde! Wir haben keinen persönlichen Streit mit Euch. Das Ziel unseres Angriffs besteht lediglich darin, den Führer Eurer Organisation, Herrn Abu Amer, im Bett zu überraschen und zu verhaften. Deshalb bitten wir Euch, zur Vermeidung von Unannehmlichkeiten am morgigen Tag die folgenden Ratschläge zu beachten:

1. Bringt Eure Waffen zu einer der Sammelstellen, die wir für diesen Zweck einrichten und durch Wegweiser sowie durch doppelsprachige Aufschriften kenntlich machen werden.

2. Versammelt Euch in sauberer Zivilkleidung an den von uns bezeichneten Plätzen und wartet in Ruhe und Ordnung mit Eueren Terrorwaffenbrüdern auf das Eintreffen unserer Militärabteilungen, die Euern Führer im Bett überraschen werden.

3. Wer auf unsere Soldaten schießt, kann mit einer Geldbuße oder mit Gefängnis bis zu zwei Jahren bestraft werden.

4. Für weitere Nachrichten empfiehlt sich das Abhören unseres Armeesenders.

Um die klaglose Durchführung der Aktion nicht zu gefährden, ist es unerläßlich, daß Ihr den Instruktionen unserer Ordner und Platzanweiser Folge leistet. Es liegt in Eurem Interesse, mit uns zusammenzuarbeiten. Wir wiederholen, daß wir von keinerlei feindseligen Gefühlen gegen Euch geleitet sind. Im Gegenteil, wir finden Euch sehr sympathisch. Sofort nach der Gefangennahme Eures überraschten Führers werden wir uns auf unsere Ausgangsstützpunkte zurückziehen. Abmarsch gegen 20.30 Uhr in Richtung Umm-Juza. Hinterhalt zu beiden Seiten der Straße, am besten im Raum Sabiah zwischen 21.00 und 22.30 Uhr.

In der Gewißheit, daß die fortschrittliche Welt unser Verhalten würdigen und die UNO einen Delegierten zum Begräbnis der sieben Kinder entsenden wird, die Eurem letzten Minenattentat auf einen Schulautobus zum Opfer fielen, senden wir Euch unsere brüderlichen Grüße.

ppa. Ephraim Kishon

FRAGE UND ANTWORT

DOSH

DOSH

»Amerikanische Intervention«

Lieber Gamal!

Ich muß mich auf diesem Weg an Dich wenden, da der Postverkehr zwischen unseren beiden Ländern noch nicht wiederhergestellt ist. Hoffentlich brauchen wir jetzt nicht mehr lange darauf zu warten.

Du hast Dir alles ganz anders vorgestellt, ich weiß. Nachdem Du der ganzen Welt erklärt hattest, was Du mit uns zu tun planst, und die ganze Welt mit verschränkten Armen Deinen Vorbereitungen zusah, mußtest Du ja überzeugt sein, daß auch alles weitere wunschgemäß vonstatten gehen würde. Wir würden uns abschlachten lassen, hast Du geglaubt, und würden höchstens in den Vorzimmern der UNO um Hilfe betteln: »Bitte, das steht doch im Widerspruch zum Absatz soundsoviel der Charta . . . bitte, wir haben doch Verträge und Garantien . . . man hat uns doch damals, 1956, feierlich zugesichert . . .« und so weiter. Nun, diesmal ist nicht damals, das haben wir zum Glück noch rechtzeitig bemerkt. Und zwar warst es Du selbst, der uns darauf aufmerksam gemacht hat. In einer Deiner blutrünstigen Drohreden hieß es ganz ausdrücklich: Wir schreiben jetzt 1967, nicht 1956, das sollten sich die Israelis gesagt sein lassen! Und genau das haben wir getan.

Dabei hat es uns sehr geholfen, daß die großen Seemächte, die Schirmherren unserer Durchfahrtsgarantien, uns wissen ließen, daß sie gegen provokative Durchfahrten sind, und uns empfahlen, auf friedlichem Wege ein Übereinkommen über die Prozedur unserer Vernichtung zu treffen. Daraufhin ließen wir alle Künste unserer Diplomatie spielen und hatten tatsächlich einen sensationellen Erfolg zu verzeichnen: Unser Vertrags- und Garantiepartner Amerika ist diesmal nicht gegen uns, sondern bleibt neutral. Phantastisch, wie?

Anmerkung des Verlages:
Zum besseren Verständnis des bisher noch nicht veröffentlichten Briefs Gamal Abdel Nassers an Ephraim Kishon drucken wir hier nochmals den vorangegangenen Brief Kishons an Nasser (aus »Wie unfair, David«). Weitere Briefe aus diesem Buch finden sich auf den Seiten 120, 140, 143 und 145.

Für Dich muß das eine unvergeßliche Zeit gewesen sein, lieber Gamal. Sogar Deine Enkelkinder werden Dich eines Tages fragen: »Erzähl uns doch, Großpapa, wie war das damals bis zum 5. Juni 1967, acht Uhr morgens?« Und Du wirst ihnen erzählen, daß bis dahin jeder Tag ein Tag des Sieges war, ein Tag des beifallumrauschten Triumphs Deiner unumstrittenen Führerschaft in der arabischen Welt. Was nach diesem Datum geschah, ist nicht der Mühe wert, rekonstruiert zu werden. Man kann sich schließlich nicht alles merken.

Soeben hören wir im Radio, daß die Sowjets von beiden Parteien den Rückzug auf die Ausgangspositionen und die eigenen Grenzen verlangen. Damit sind offenbar auch wir gemeint. Und da sich innerhalb unserer Grenzen niemand außer uns aufhält, schließen wir, daß israelische Truppen die ägyptischen Grenzen überschritten haben, oder mit anderen Worten, daß Du den Krieg verloren hast. Lieber Gamal, wenn ich Dir raten darf, dann hörst Du von jetzt an ausschließlich Radio Kairo, da gibt es nur Siegesnachrichten.

Aber ich muß zugeben, daß wir Dir gegenüber einen unfairen Vorteil hatten. Du, lieber Gamal, mußtest Deine Pläne und Maßnahmen mit einem halben Dutzend Alliierter koordinieren. Wir hingegen haben nicht einen einzigen Verbündeten. Wir kämpfen ganz allein.

Da ist es natürlich keine Kunst, einen Krieg zu gewinnen.

Lieber Bruder Ephraim!

Sei nicht bös, daß ich Deinen Brief so spät beantworte. Ich habe eine schreckliche Zeit hinter mir, seit die wunderbaren Tage meiner unumstrittenen Führerschaft in der arabischen Welt vorüber sind und seit auf dem Suezkanal die Regatta-Saison begonnen hat. Du wirst gewiß verstehen, daß es mich ein wenig nervös macht, wenn ich mitansehen muß, wie die zionistischen Soldaten Wasserski fahren. Alles hat seine Grenzen.

Das heißt: leider nicht. Und daran liegt es.

Ich bin tief enttäuscht, Bruder Ephraim. Dieser U Thant hat mich hereingelegt. Er hat, kaum daß ich's verlangt habe, tatsächlich die UNO-Truppen abgezogen, obwohl er doch wissen mußte, daß mein Verlangen gar nicht so ernst gemeint war. Und dieser Hussein, dieser kleine Schwachkopf, fliegt kreuz und quer in der Welt herum und knüpft Kontakte an, die eigentlich mit mir angeknüpft werden müßten. Unlängst hat es in Port Said eine Pro-Hussein-Demonstration gegeben. Das kann er, Krawalle anzetteln. Aber sonst? Auch dieser Boumedienne geht mir auf die Nerven mit seinen ewigen Kriegsproklamationen. Warum marschiert er nicht in Tunesien ein, wenn er so stark ist? Einzig die Russen benehmen sich halbwegs nett zu mir. Während der letzten Gipfelkonferenz, die ich mit ihnen hatte, erhob ich mich zu meiner ganzen Größe und verkündete: »Dieser Krieg ist noch nicht zu Ende, meine Herren!« Und darauf sagten sie: »Gamal, sei nicht so pessimistisch!« Sonderbare Menschen, im Privatleben. Ich glaube nicht, daß man sich auf sie verlassen kann. Ganz zu schweigen von de Gaulle, diesem tückischen zionistischen Agenten, der es fertiggebracht hat, daß Präsident Johnson unser geschworener Feind ist. Oder die Engländer. Schikken mir immer noch dokumentarische Beweise, daß ihre Luftwaffe damals nicht interveniert hat. Wem sagen sie das? Beim Barte des Propheten, ich fühle mich miserabel. Euer Verteidigungsminister — wie heißt er doch gleich — hat vor ein paar Tagen von meinen Fehlern gesprochen. Was für Fehler? Ich hatte alles genau berechnet und wissenschaftlich geprüft. Jahrelang habe ich durch meinen von deutschen Wissenschaftlern geschärften Feldstecher zu euch hinübergeschaut und nichts anderes gesehen als mißvergnügte Juden, die sich nur für ihre Geschäfte und ihre innerpolitischen Intrigen interessierten und keinen Anlaß vorübergehen ließen, um zu seufzen und zu klagen und zu jammern: »Ojojoj, was haben wir hier für ein entsetzliches Klima . . . und dieses Sparprogramm bringt uns um . . . die Wirtschaft ist auf dem Hund . . . das Leben ist nichts wert . . . fliehen wir aus diesem Gefängnis, solange noch Zeit ist . . .«

Natürlich trat ich daraufhin an das Gefängnistor heran, schlug mit den Fäusten dagegen und rief:

»Kommt heraus, ihr zionistischen Jammergestalten! Kommt und kämpft, wenn ihr es wagt!«

Und was geschah? Das Tor öffnete sich, auf der Schwelle erschienen einige halbnackte Gladiatoren und fragten: »Hat jemand gerufen?« Das war das letzte, woran ich mich erinnere. Ein schäbiger Trick, Bruder Ephraim. Ein übles Täuschungsmanöver. Ihr solltet endlich Klarheit darüber schaffen, wer ihr seid — Simson oder der Kaufmann von Venedig, der Rabbi oder der Golem. Und jetzt wollt ihr auch noch euer Kabinett verjüngen, auf ein Durchschnittsalter von 65 Jahren oder noch weniger. Muß das sein? An die Spitze einer Demokratie gehören weise, erfahrene Männer, die auf eine lange Reihe von Fehlern und Mißgriffen zurückblicken können — keine jugendlichen Hitzköpfe wie dieser Dajan, jetzt fällt mir sein Name ein. Nehmt doch ein wenig Rücksicht auf mich. Ich hab's schwer genug.

Dein aufrichtiger Bruder
Gamal Abdel Nasser

Nur nicht aufgeben! Versuch's noch einmal!

ÄGYPTISCHE ARMEE

Die sowjetischen Waffenlieferungen an das fortschrittliche arabische Friedenslager entsprechen einer alten Tradition, die auch nach dem Sechstagekrieg wieder aufgenommen wurde. Bei seinem letzten Besuch in Moskau überreichte Nasser, wie aus sicherer Quelle verlautet, seinem Gastgeber Kossygin eine umfangreiche Wunschliste, auf der alle von Ägypten benötigten Flugzeuge, Tanks, Kanonen, Maschinengewehre usw. genau verzeichnet waren. Kossygin las die Liste aufmerksam durch. Dann fragte er: »Und was brauchen die Israelis sonst noch?«

DER KOMMUNISTISCHE BLOCK

DIE AUSGANGS
POSITION !!

Der Vormarsch auf der Sinai-Halbinsel vollzieht sich, seit sie fest in unseren Händen ist, über drei Einfallsachsen: über die nördliche in Richtung El Kantara, über die südliche in Richtung Ismailia, und entlang der Linie Ejlat-Scharm-el-Scheich. Die eindringenden Stoßtrupps kommen mit Bussen, Privatautos, Helikoptern und Jeeps, kehren staubbedeckt zurück und versammeln sich im Café »California«, um ihre Erfahrungen auszutauschen:

»Wer den Sonnenuntergang bei Beer Hamsa nicht gesehen hat, der hat im Leben keinen Sonnenuntergang gesehen«, sagt beispielsweise Jossele.

»Das ist noch gar nichts gegen die natürliche Schutzmauer westlich von Ras-el-Sirach«, entgegnet ein anderer.

»Und die Leuchtfeuer von Dschebel-Abu-Alka?«

»Und die steil zum Meer abfallende Felsenküste von Ejn-Hudra?«

Und so geht es weiter. Und ich sitze mitten unter den Eroberern und zermartere mir das Hirn, um wenigstens ein einziges der genannten Wunder zu identifizieren. Vergebens. Die Eroberer sind kreuz und quer durch die Sinai-Halbinsel gestürmt, berichten darüber nun schon seit einer vollen Stunde — und ich hatte noch keine Chance, auch nur die kleinste Bemerkung einzuwerfen.

Da kommt mir endlich Ing. Glick zu Hilfe und sagt, ganz nebenbei:

»Übrigens ist auch der Ausblick vom Wadi Kubra sehr eindrucksvoll.«

Nun erinnere ich mich an dieses Wadi zufällig aus einer Fotoreportage über die Eroberung der Um-Bassis-Kreuzung durch die Siebente Brigade, und bemerkte eilends:

»Das ist doch in der Nähe von Bum-Assis, nicht wahr?«

Wenn man's mit dem Sprechen allzu eilig hat, verspricht man sich leicht. Ich hatte »Um-Bassis« sagen wollen — in der Hast wurde ein Bum daraus. Natürlich merkte ich das sofort und versuchte den Lapsus zu korrigieren, aber mein Freund Gusti war schneller als ich:

»Ganz richtig«, sagte er. »Und auch Bum-Assis selbst kann sich sehen lassen.«

Plötzlich, nach mehr als einer Stunde tiefster Niedergeschlagenheit, hatte ich die Marschroute der Eroberer entdeckt. Beinahe plastisch sah ich die Generalkarte der Sinai-Halbinsel vor mir:

»Und die Felsenstraße zwischen Gibli und Ras-el-Nantuk?«

»Einmalig«, bestätigte Ing. Glick.

Der Ordnung halber sei festgestellt, daß ich einen Herrn Gibli als Versicherungsagenten kennengelernt hatte und daß Nantuk der Name einer neuen Rasierklinge ist. Aber sie haben beide etwas unleugbar Geographisches an sich.

Von diesem Augenblick an ging die Initiative auf mich über. Schon wußte ich in lebhaften Farben die Schönheiten bisher unbekannter Landstriche zu schildern:

»Wenn man die Hügel von Bir-el-Puchu links hinter sich läßt«, verkündete ich den atemlos Lauschenden, »und sich nach Osten wendet, kommt man auf den kleinen, gewundenen Weg von Majbl-el-Kusbus nach Tel-Jucha. An einer Krümmung dieses Wegs sieht man bei klarem Wetter in der Ferne den alten Hafen von Abu-Kischke . . .«

»Ein atemberaubender Anblick«, nickte Ing. Glick.

»Und auf der andern Seite die Mauern von El-Untam.«

»Atemberaubend . . .«

Gegen Mitternacht war ich Herr der Lage, und die Bewunderung für meine profunde Kenntnis der Sinai-Halbinsel war allgemein. Kleider machen Leute, und Leute machen Namen. Das ist das Geheimnis der Wüste, Bir-el-verdammtnocheinmal!

ABER GROSSPAPA! DAS IST DOCH UNMÖGLICH!

FREUNDLICHER KOMPROMISSVORSCHLAG

„DER NEUE STRICK IST VIEL BEQUEMER!"

GAMAL: Willkommen, Bruder Tito! Hast du eine neue Idee für die Lösung der Nahostkrise?

TITO: Jawohl.

GAMAL: Kommt nicht in Frage. Es gibt nur eine einzige Lösung: die Zionisten und ihren Staat vollständig zu liquidieren. Natürlich erst, nachdem sie sich auf die Grenzen vom 5. Juni zurückgezogen haben. Bis dahin finden keine Gespräche statt. Versuch' erst gar nicht, mich zu überreden. Kein Rückzug — keine Liquidation. Keine Liquidation — keine Gespräche. So war's und so bleibt's. Punktum.

TITO: Ganz meine Meinung. Aber in der Zwischenzeit . . .

GAMAL: Was heißt da Zwischenzeit?

TITO: Höre, Bruder Nasser. Wir müssen realistisch sein. Können die arabischen Armeen Israel von der Landkarte wegwischen? Selbstverständlich können sie das. Aber in der Zwischenzeit müssen wir uns vor Augen halten, welche Macht hinter der ganzen Sache steht.

GAMAL: Wovon sprichst du?

TITO: Von der israelischen Armee. Solange die israelische Armee mit ihrer ganzen Macht die Regierung von Tel Aviv unterstützt, bleibt uns nichts übrig, als nach diplomatischen Lösungen zu suchen, die eine weitere Aggression verhindern, ohne unsere Position als Sieger zu beeinträchtigen. Was würdest du davon halten, die Existenz Israels anzuerkennen? Nicht direkt, sondern durch Vermittlung eines Dritten?

GAMAL: Niemals!

TITO: Nur als Geste. Es würde genügen, wenn du mit halb geschlossenen Lippen in deinen Schnurrbart murmelst: »Also gut, sie existieren.«

GAMAL: Das ist zu viel.

TITO: Wie wär's mit einem kleinen Nichtangriffspakt??

GAMAL: Ausgeschlossen. Ich werde angreifen und immer wieder angreifen.

TITO: Einverstanden.

GAMAL: Ich greife an!

TITO: Ja, ja, schon gut. Angreifen, aber nicht kämpfen. Ich empfehle dir einen Zustand der sogenannten Non-Belligerenz.

GAMAL: Wer nennt das so? Seit wann? Was heißt das?

TITO: Ich nenne es so, seit soeben, und es heißt die Führung von Nichtkrieg. Oder auch Nichtkriegsführung.

GAMAL: Du sprichst wie dieser kleine Wüstenfloh, dieser Hussein.

TITO: Ich meine natürlich eine qualifizierte Nichtkriegsführung, Bruder Nasser. Eine kriegerische Nonbelligerenz. Bis zum bittern Ende.

GAMAL: Das würde mein Image verpatzen.

TITO: Dann also einen nonbelligerenten Kriegszustand.

GAMAL: Mach ich nicht.

TITO: Halt, ich hab's! Einen Nichtauslöschungspakt! Der Krieg geht in vollem Umfang weiter, aber die Auslöschung Israels wird um drei Jahre verschoben.

GAMAL: Zwei Jahre.

TITO: Gut, zwei Jahre. Jetzt nimmst du Vernunft an. Ich wußte es ja. Wir werden sofort Moskau verständigen, daß du bereit bist, deine Bereitschaft zu einem partiellen Nichtauslöschungspakt zu erklären.

GAMAL: Nicht ich. U Thant soll erklären, und ich höre nicht zu.

TITO: In Ordnung. Hauptsache, daß sich die Juden auf die Grenzen des Teilungsplans von 1947 zurückziehen.

GAMAL: Ich will auch Beer-Schewa haben.

TITO: Bekommst du.

GAMAL: Und Reparationen.

TITO: Bekommst du auch. Für ein so großzügiges Friedensangebot müssen die Juden zahlen.

GAMAL: Und wenn sie nicht wollen?

TITO: Dann bekommen sie gar nichts.

GAMAL: Wieso sie? Ich dachte, daß *ich* etwas bekommen soll?

TITO: Ich meine: Sie bekommen nichts von dem, was sie schon haben.

GAMAL: Das ist die Lösung.

Die verschiedenen Konferenzen, auf denen die Einheit der arabischen Staaten, der arabischen Liga, der arabischen Widerstandsorganisationen und, kurzum, der arabischen Welt demonstriert wird, beweisen immer deutlicher, daß es auch bei den Arabern zwei Lager gibt: die Falken und die Tauben. Die Falken sind die Scharfmacher. Sie wollen den siegreich begonnenen Krieg, in dem sie nur manchmal durch Zufall eine Schlappe erlitten haben, so lange fortsetzen, bis es in Israel, das dann wieder Palästina heißen wird, keinen einzigen Israeli mehr gibt. Demgegenüber sind die »Tauben« vernünftige, realistisch denkende Staatsmänner, die sich dazu durchgerungen haben, die gegebenen Umstände zur Kenntnis zu nehmen:

»Also gut«, sagen sie, »wir befinden uns nicht länger im Kriegszustand mit euch Israelis. Und jetzt verschwindet gefälligst aus allen besetzten Gebieten!«

Zu diesen Tauben zählt Hussi, der Wüstenkönig, aber auch sein Blutsbruder Nasser, das Idol aller Teenager in den umliegenden Blindenanstalten.

Erst unlängst, an einem warmen Sommerabend, saßen die beiden beisammen, überwanden gemeinsam ihre Vorbehalte gegen Israel und machten in einem unverzeihlichen Schwächeanfall, der sich nur durch ihre brennende Friedenssehnsucht erklären läßt, den in solchen Fällen immer herumlungernden »politischen Beobachtern« gewisse Andeutungen, daß sie, im Falle eines sofortigen Rückzugs unserer Truppen hinter die Grenzen von 1948, sogar erwägen würden, uns freien Zutritt zur Klagemauer und freie Durchfahrt durch die Straße von Tiran zu gewähren.

»Eine einmalige Gelegenheit!« ließen uns die »Tauben« durch ihre verschiedenen Kanäle zuflüstern. »Sofort zugreifen!«

Tatsächlich: Dieses großherzige Angebot übertrifft unsere kühnsten Erwartungen. Schon bei der bloßen Vorstellung, daß wir die in unserer eigenen Hauptstadt befindliche Klagemauer mit unseren eigenen Händen berühren, daß unsere Schiffe unbehindert durch eine von uns besetzte Meerenge fahren dürfen, geraten wir in ein Delirium des Entzückens. Aber das Beste kommt erst: Nasser, der große Rais, der unbestrittene Führer der arabischen Welt, würde unter bestimmten Voraussetzungen beide Augen zudrücken, wenn ein Frachtschiff, das Waren für Israel an Bord hat, den Suez-Kanal passiert! Und was die internationalen Garantien für unsere Grenzen betrifft, wollen die schon erwähnten politischen Beobachter deutliche Anzeichen einer gemäßigten Auffassung im arabischen Lager festgestellt haben. Man soll dort sogar bereit sein, nach unserem Rückzug aus allen besetzten Gebieten jene Grenzen, die uns einem nächsten Vernichtungskrieg garantiert wehrlos ausliefern würden, in aller Form anzuerkennen. Daher der Name »Garantie«.

So liegen die Dinge im gegenwärtigen Zeitpunkt. Mit tiefem Interesse verfolgt die ganze zivilisierte Welt die Bemühungen der »Tauben« im arabischen Lager und hofft, daß es ihnen gelingen wird, die Kriegsbegeisterung ihrer sieggewohnten Völker in friedliche Bahnen zu lenken. Wie aus Belgrad verlautet, wird Präsident Nasser, sobald wir die Sinai-Halbinsel geräumt haben, dem freien Eisenbahnverkehr zwischen Tel Aviv und Haifa sofort zustimmen, während Freund Hussi uns nach der Aufgabe Jerusalems einen schmalen Korridor zur Mittelmeerküste nördlich von Aschdod bewilligen wird.

Und was sagt die öffentliche Meinung, genauer: Washington?

»Wir sind nicht sicher, ob das ausreicht«, sagt Washington und zwinkert den Tauben zu. »Wie wir die Juden kennen, werden sie für die Rückgabe der besetzten Gebiete vielleicht etwas mehr herausschlagen wollen. Aber das soll euch nicht hindern, es weiter zu versuchen. Vielleicht zermürbt ihr sie. Viel Glück! Und um halb sechs nach den Wahlen meldet euch wieder . . .«

ICH HAB IHN DOCH GAR NICHT EINGELADEN . . .

KREISLAUFSTÖRUNG

NASSER

WIR HABEN FLEISCH BESTELLT, KEIN GEMÜSE!

JARRING

U.N.

Nach der tiefen Stille, die für ausgebrannte Raffinerien so überaus typisch ist, hat die Ankunft Dr. Gunnar Jarrings wieder ein wenig Bewegung ausgelöst und unserem Freund Gamal die Chance zu einer kleinen Selbstbestätigung geboten. Endlich ein gutgläubiger Skandinavier, dem man die alten bombastischen Texte verkaufen kann, ohne daß er sich sofort die Ohren zuhält! Endlich eine Prestige-Aufbesserung im Zusammenhang mit dem Abtransport der im Bittersee festliegenden Schiffe! Denn wie reagiert man als siegreicher ägyptischer Staatenlenker auf Dr. Jarrings Mitteilung, daß die israelische Regierung mit dem Abtransport der Schiffe einverstanden wäre, wenn er in nördlicher Richtung erfolgt und die Öffnung des Suez-Kanals dadurch nicht präjudiziert wird?

Man plustert sich zur vollen Siegergröße auf und spricht wie folgt:

»Was die Juden in Tel Aviv sagen, ist mir vollkommen gleichgültig. Ich bin es, der den Abtransport der Schiffe gestattet, ich und niemand sonst. Israel existiert für mich nicht. Der Abtransport wird erfolgen, ob die Israelis damit einverstanden sind oder nicht. Und wenn sie einverstanden sind, erfolgt er trotzdem.«

Wie war es nur möglich, daß dieser Koloß besiegt wurde? fragt sich Dr. Jarring. Aber sei dem wie immer — die Hauptsache bleibt, daß Israel nichts dagegen hat, ein paar armselige Schiffe abfahren zu lassen, die nicht durch seine Schuld im Kanal steckengeblieben sind. Was sollte Israel auch dagegen haben, solange es das diesseitige Ufer des Suez-Kanals besetzt hält? Die Sache scheint in Ordnung zu gehen.

Diese größtenteils vernünftige Überlegung kommt in den Schlagzeilen der ägyptischen Presse allerdings ganz anders heraus. Die ägyptische Presse verzeichnet einen neuen Triumph Nassers, der wieder einmal aus eigener Machtfülle einen völlig unabhängigen Entschluß gefaßt und Israel völlig ignoriert hat.

Und hier erhebt sich die Frage, warum Nasser immer nur uns ignorieren soll und niemals wir ihn. Ignorieren wir ihn doch endlich! Es ist ganz leicht. Man braucht dazu nichts weiter als eine Zeitungsnachricht etwa des folgenden Wortlauts:

MOSCHE DAJAN BEFIEHLT DEN ÄGYPTERN
DIE EVAKUIERUNG DER IM SUEZ-KANAL
FESTGEHALTENEN SCHIFFE

Mehreren Agenturmeldungen zufolge hat der israelische Verteidigungsminister auf einer gestern abgehaltenen Pressekonferenz bekanntgegeben, daß er sich für die freie Schiffahrt im Suez-Kanal verantwortlich fühlt und den Ägyptern, gestützt auf seine Autorität, Anweisung erteilt hat, die im Bittersee festgehaltenen Schiffe sofort ausfahren zu lassen.

»Was Nasser dazu sagt, ist mir gleichgültig«, erklärte der Minister wörtlich. »In dieser Sache erteile ich die Befehle. Ich gebe den Ägyptern zwei Wochen Zeit. Nach Ablauf dieser Frist wünsche ich im Bittersee kein einziges Schiff mehr zu sehen!«

Jetzt ist Nasser in der Klemme. Entweder hält er die Schiffe weiter fest und setzt sich dadurch in Gegensatz zur Weltmeinung — oder er läßt sie ausfahren und befolgt dadurch den ihm von Israel erteilten Befehl. Unser Mitgefühl ist ihm sicher.

NASSER SCHLIESST DEN SUEZKANAL

AMERIKANISCHE WAFFEN
FÜR JORDANIEN

DOSH

SOWJETISCHE WAFFEN
FÜR ÄGYPTEN

Wie gross ist eigentlich
der Unterschied zwischen
Freund und Feind?

In dieser historischen Zeitspanne, da die Lösung des Nahostproblems durch die Vereinigten Nationen in der Luft hängt und jeden Augenblick herunterfallen kann, scheint es angezeigt, die bisherige Tätigkeit Dr. Gunnar Jarrings zusammenzufassen und für die Nachwelt aufzuzeichnen.

Wie man weiß, hat unsere Regierung sofort nach ihrem Überraschungssieg über die völlig unvorbereiteten arabischen Armeen darauf gedrängt, sich mit allen beteiligten Staaten an den Verhandlungstisch zu setzen. Ägypten gab daraufhin zu verstehen, daß es keine Einladung annehmen würde, in der das Wort »Tisch« vorkäme, und Jordanien verlangte, daß das Wort »Verhandlung« durch den unverbindlicheren Ausdruck »Gespräche« ersetzt werden müsse.

Nach wiederholten Interventionen Dr. Jarrings in Kairo lenkte die ägyptische Regierung ein und gab ihre Zustimmung zu einer offiziellen Formel, derzufolge die Verhandlungspartner an einem noch zu bestimmenden Ort »in völliger Abgeschlossenheit« zusammenkommen sollten, vorausgesetzt, daß die Vertreter Ägyptens nicht im selben Raum wie die Israelis abgeschlossen würden.

Die israelische Regierung schlug vor, die beiden Delegationen zuerst in zwei aneinandergrenzenden Räumen unterzubringen und bei Beginn der Verhandlungen die Wand zwischen den beiden Räumen zu beseitigen.

Kairo ließ Dr. Jarring gegenüber keinen Zweifel daran, daß es auf dem Vorhandensein einer Trennungswand bestehe. Tel Aviv wollte von einem Verhandlungstisch als Ausgangspunkt von Verhandlungen nicht abgehen.

Die vorbereitenden Gespräche schienen hoffnungslos festgefahren, als Dr. Jarring einen Kompromißvorschlag ausarbeitete, dem eine gewisse Genialität nicht abzusprechen war: Die beiden Parteien sollten in getrennten Räumen Platz nehmen und würden trotzdem am selben Tisch sitzen, was dadurch zustande käme, daß ein von der UNO zusammengestellter Trupp von neutralen Möbelpackern den Verhandlungstisch immer von einem Zimmer ins andere tragen würde, je nachdem, welche der beiden Delegationen gerade das Wort hätte.

Die ägyptische Antwort: Wir setzen uns nicht an denselben Tisch wie die Israelis.

Der israelische Gegenvorschlag: Verhandeln wir stehend.

Jordanischer Kompromißvorschlag: Im Auf- und Abgehen.

Auch dieser Vorschlag wurde von den Ägyptern torpediert, die erklärten, daß sie sich's überlegt hätten und überhaupt nur mit Dr. Jarring verhandeln wollten. An diesem Punkt trat eine für die Geschichte der israelisch-ägyptischen Kontakte bedeutsame Entwicklung ein. Die israelische Regierung verständigte das Sekretariat der Vereinten Nationen, daß ein in Ramat Gan ansässiger Laryngologe namens Dr. Jarring zur Verfügung stünde, um mit den Ägyptern direkt zu verhandeln. Schon hatte es den Anschein, als ob Kairo auf diesen Vorschlag eingehen und dennoch sein Gesicht wahren könnte, als der ägyptische Geheimdienst entdeckte, daß es sich bei dem betreffenden Dr. Jarring um keinen Gunnar handelte, sondern im Gegenteil um einen Salomon. Damit war die Sache geplatzt.

Als nächstes kam ein jordanischer Vorschlag, daß die Teilnehmer an den Gesprächen zwecks Vermeidung direkter Verhandlungen in einer Reihe an der Längsseite des Tisches sitzen sollten, so daß sie einander de facto nicht zu sehen bekämen. Israel verwies auf das mögliche Vorhandensein schielender Delegationsmitglieder und bezeichnete die bei Verhandlungen übliche Sitzordnung als die nach wie vor einzig akzeptable. Dr. Jarring verfiel auf einen interessanten Ausweg: Die Delegationen sollten einander gegenüber sitzen, aber nicht miteinander sprechen, sondern sich durch vorher verabredete Handzeichen verständlich machen, beispielsweise:

Erhobene Hand, vier Finger aufrecht, Daumen abgestreckt: »Rückzug!«

Daumen zwischen Zeige- und Mittelfinger: »Denkste!« Geballte Faust, Zeigefinger aufrecht: »Ich möchte hinaus!«

Die jordanische Regierung erklärte sich prinzipiell einverstanden, unter der Bedingung, daß die Signale englisch erfolgten, aber Kairo hielt an seiner Ablehnung jeder direkten Verhandlungsmethode fest. Dr. Jarring wirkte mäßigend auf die israelische Regierung ein und überredete sie zu einer Geste des guten Willens: Die Delegationen sollten einander gegenüber sitzen, aber durch eine Glaswand getrennt sein und vorher einen Kurs im Lippenlesen absolvieren. Die Ägypter bestanden darauf, daß die Glasplatte mindestens 12 mm dick sein müsse. König Hussein gab sich mit 8 mm zufrieden, erntete für seine Kompromißbereitschaft begeistertes Lob in der amerikanischen Presse und zog sich jedoch eben dadurch den

Unwillen der Ägypter zu, die ihre Forderung auf 20 mm erhöhten.

In einer verantwortungslosen Aufwallung von Ungeduld erinnerte die israelische Regierung daran, daß sie niemals etwas anderes gewünscht habe als direkte Gespräche. Dr. Jarring reagierte mit der Ausarbeitung eines neuen Plans, den er sofort in Kairo vorlegte. Der Plan sah direkt Gespräche der beiden Delegationen vor, und zwar direkt auf Tonband, das hernach von der jeweils andern Delegation abgehört werden könnte. Überraschenderweise nahm Ägypten diesen Vorschlag an und bestand lediglich darauf, daß der Aufnahmeapparat das Privateigentum Dr. Jarrings sein müsse. Diese Falle wurde von Israel durchschaut: Das Tonbandgerät wäre dann nichts anderes als ein Vermittler, und Israel wünsche nicht durch Vermittler zu unterhandeln, sondern direkt. Jordanien schlug die Verwendung erstklassig abgerichteter Papageien vor, ließ diesen Vorschlag aber unter ägyptischem Druck wieder fallen und brachte einen Kompromißantrag auf bedingungslose Räumung der von Israel besetzten Gebiete ein.

Die Fühlungsnahmen werden fortgesetzt.

VERLEUMDUNGEN
DER SOWJETPRESSE

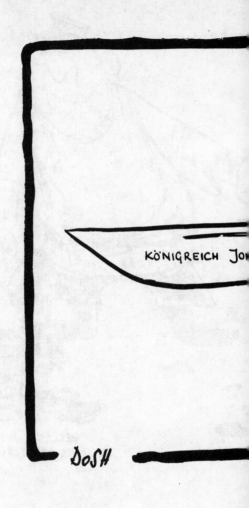

KÖNIGREICH Jo

DoSH

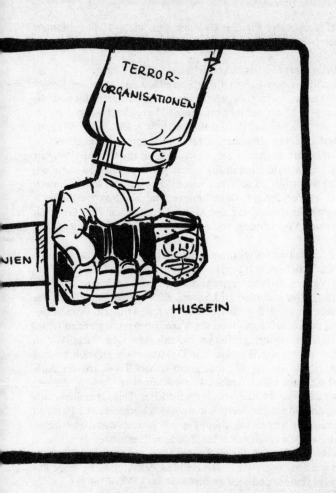

Betrifft: Verbot der für den Unabhängigkeitstag 1968 geplanten israelischen Militärparade im östlichen Teil von Jerusalem

Sehr geehrter Herr Generalsekretär!

Wir bestätigen den Erhalt Ihres Schreibens, das unserer Regierung die Abhaltung einer Parade in jenem Teil unserer Hauptstadt, der vorübergehend als der jordanische Teil bezeichnet wurde, untersagt und sich hierbei auf das im Jahre 1949 geschlossene Waffenstillstandsabkommen zwischen Israel und dem Haschemitischen Königreich beruft. Seien Sie versichert, daß wir die Objektivität, mit der Sie auf die strikte Einhaltung dieses Abkommens bedacht sind, ganz außerordentlich zu schätzen wissen. Ebenso dankbar erinnern wir uns Ihrer vorjährigen Bemühungen, die Nahostkrise dadurch zu lösen, daß Sie den Abzug der UNO-Truppen von den Grenzen der zu unserer Vernichtung entschlossenen arabischen Staaten verfügten.

Sogleich nach Eintreffen Ihres Briefs haben wir die jetzt in Jerusalem befindlichen Archive nach dem Original des von Ihnen erwähnten Waffenstillstandsvertrags zu durchsuchen begonnen. Wir freuen uns, Ihnen mitteilen zu können, daß wir das Dokument gefunden haben und daß es bei den schweren Artillerie-Bombardements, mit denen sich Jordanien am Vernichtungskrieg gegen Israel beteiligt hat, unversehrt geblieben ist. Infolgedessen waren wir in der Lage, den genauen Wortlaut des Dokuments ebenso eingehend zu studieren, wie Sie das offenbar getan haben. Trotz größter Aufmerksamkeit konnten wir jedoch keine Klausel entdecken, die uns die Abhaltung einer Militärparade im östlichen Teil Jerusalems verbieten würde. Ein solches Verbot könnte sich höchstens auf Paraden der jordanischen Armee beziehen, die sich ja auch danach gerichtet und keine Paraden veranstaltet hat, sondern Bombardements.

Wir geben respektvoll der Hoffnung Ausdruck, daß Sie es positiv bewerten werden, wenn wir unsererseits an der Abhaltung einer Parade Genüge finden, und bleiben im Geist der UNO-Charta

hochachtungsvoll
ppa. Ephraim Kishon

Der Vogel hat ja eine
typisch jüdische Nase!

Unser Rechtsstandpunkt basiert auf der
Freiheit unserer jungen Intellektuellen

Der Antrag Pakistans, Israel für die Besetzung der Tschechoslowakei durch die Sowjets zu verurteilen, wurde dem Vorsitzenden des Sicherheitsrats in den frühen Morgenstunden zugestellt. Die sofort einsetzenden Fühlungnahmen unter den einzelnen Delegationen ergaben jedoch, daß die erforderliche Stimmenmehrheit sich kaum erzielen ließe, da der Antrag außer von Pakistan selbst nur von Nigeria, Polen, Jugoslawien, Algerien, Saudi-Arabien, Weißrußland und der Sowjetunion unterstützt wurde. Wie man hörte, machten die USA gewisse Vorbehalte gegen ein Alleinverschulden Israels geltend, während Belgien und Kanada für eine Verschiebung der Beratungen eintraten und einen für alle Beteiligten annehmbaren Kompromiß ausarbeiten wollten.

Bevor der Sicherheitsrat zusammentrat, gelang es dem israelischen UNO-Delegierten Joseph Tekoa, der Vollversammlung den Standpunkt Israels klarzumachen.

»Nicht Israel ist in das Territorium der CSSR eingedrungen, sondern die Warschauer-Pakt-Staaten unter Führung der Sowjetunion«, sagte er. »Es müßte also die Sowjetunion verurteilt werden, nicht wir.«

Daraufhin verließ der sowjetische Delegierte Jakob Malik demonstrativ den Sitzungssaal und rief dem Vertreter Israels von der Türe her zornbebend zu:

»Diesmal werden Ihnen diese Goebbels-Methoden nichts nützen! Sie spielen mit dem Feuer!«

Tekoas Replik wurde vom Vorsitzenden im Interesse eines gedeihlichen Verlaufs der Kulissengespräche nicht zugelassen. In diesen Gesprächen bekundeten Nicaragua, Belgien und Kanada großes Verständnis für die israelische Haltung, besonders im Hinblick auf den Charakter des Besatzungsregimes in der Tschechoslowakei. Andererseits wies der belgische Vertreter in einem vertraulichen Gespräch mit seinem israelischen Kollegen darauf hin, daß es sinnlos wäre, etwa eine Gegenresolution herbeiführen zu wollen, für die man ja doch nicht die nötigen Stimmen bekäme. »Wir sind«, so sagte er wörtlich, »keine kleinen Kinder.« Der französische Delegierte drückte seine Mißbilligung darüber aus, daß sich in der Tschechoslowakei keine UNO-Beobachter befunden hätten, um die Ereignisse an Ort und Stelle zu verfolgen; sodann erbat er telefonisch neue Instruktionen aus Paris.

In scharfem Gegensatz hierzu stand die privat geäußerte, von Sympathie für Israel und dem Bemühen um Mäßigung getragene Ansicht des amerikanischen Repräsentanten, daß es Anhaltspunkte gäbe, die Sowjetunion für die Besetzung der Tschechoslowakei verantwortlich zu machen — nur bestünde leider die Gefahr eines sowjetischen Vetos. Ausdrücklich erklärte George Ball: »Die Entwicklungen im Sicherheitsrat müssen unter dem Gesichtspunkt der globalen Strategie Amerikas betrachtet werden, die darauf abzielt, das Prestige der Vereinten Nationen um jeden Preis zu wahren.«

Tekoa lenkte die Aufmerksamkeit George Balls auf die Tatsache, daß den USA genau dasselbe Vetorecht zustehe wie der Sowjetunion, doch wies der amerikanische Vertreter — nicht ohne nochmals zu betonen, daß es sich um ein Privatgespräch handle — jeden Vergleich mit »diesen Rowdies« energisch zurück.

Die Atmosphäre wurde immer gespannter. Ein von der algerischen Delegation verteiltes Pamphlet nannte Israel eine »Erpressernation«. In der »Prawda« erschien ein scharfer Angriff auf die »Nazikohorten von Tel Aviv und ihre schamlosen imperialistischen Annexionen«.

Indessen blieb auch die israelische Delegation keineswegs müßig und legte der Versammlung eine Reihe authentischer Aufnahmen vor, die sowjetische Panzerwagen in den Straßen Prags zeigten. Mit der Begründung, daß »dieses alte, aufgewärmte Zeug nicht das mindeste zur einvernehmlichen Klärung der Sachlage beitrage«, lehnte der amerikanische Vertreter die Zulassung der Fotografien ab.

Die Kulissengespräche erreichten ein kritisches Stadium. Jugoslawien und Nigerien brachten einen neuen Tadelsantrag ein, in dem Israel des Genocids beschuldigt wurde, begnügten sich jedoch unter belgischer Einwirkung mit einer gemäßigten, auch von Saudi-Arabien akzeptierten Fassung, die nur noch von »neofaschistischen Sklavenhändlern und Mördern des tschechoslowakischen Volkes« sprach.

»Nicht reagieren!« hieß es in einer Geheimbotschaft George Balls an die israelische Delegation. »Wir arbeiten im Hintergrund.«

Tatsächlich hatte die unerschütterliche Haltung unserer großen überseeischen Freunde zur Folge, daß die Sowjetunion ihren Tadelsantrag zurückzog und dafür von den Westmächten die bindende Zusage auf einhellige Unterstützung des polnischen Kompromißantrags erhielt, der besagte:

»Der Sicherheitsrat bedauert den im Zusammenhang mit Osteuropa erfolgten Aggressionsakt und sieht sich veranlaßt, Israel nachdrücklich vor jedem gegen die Grundsätze der Vereinten Nationen gerichteten Vorgehen zu warnen.« Auf Antrag Weißrußlands erhielt diese Resolution noch die folgende Zusatzklausel: »Israel wird ferner aufgefordert, keine weiteren Erdbeben im Iran zu verursachen.« Nach Annahme der Resolution vertagte sich der Sicherheitsrat auf unbestimmte Zeit.

Das israelische Außenministerium durfte mit Recht darauf verweisen, daß der angenommene Text keine wie immer geartete Erwähnung von Sanktionen enthielt und keine direkte Verbindung zwischen Israel und den Ereignissen in der Tschechoslowakei herstellte, da, wie man in Jerusalem hervorhob, »die betreffenden Satzteile durch ein deutliches Komma getrennt erscheinen«. Auch beinhalte das hinsichtlich der persischen Erdbeben gebrauchte Wort »verursachen« keinen offenen Vorwurf, unterstelle der israelischen Regierung keine feindselige Absicht und schließe die Möglichkeit eines zufälligen zeitlichen Zusammentreffens der persischen Erdbeben mit der Besetzung der Tschechoslowakei keineswegs aus. Überdies sei zu unterstreichen, daß der Sicherheitsrat lediglich »bedauert« und nicht »zutiefst bedauert«, was zweifellos auf die versöhnlichen Bemühungen Amerikas zurückgehe.

»Die geplante Verurteilung Israels für die Besetzung der Tschechoslowakei ist kläglich gescheitert«, resümierte der Außenminister. »Unsere UNO-Delegation hat einen glänzenden diplomatischen Erfolg zu verzeichnen. Er ist den folgenden drei Faktoren zu danken:

1. Einer umfassenden Aufklärungs-Kampagne,
2. der Unterstützung durch eine befreundete Großmacht,
3. unserer gerechten Sache.«

DER GOLDFINGER

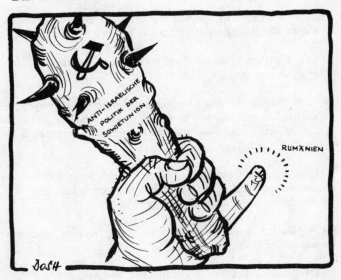

Israel ist ein so kleines Land, daß man auf den meisten Land-
karten und Globen seinen Namen nicht einmal voll aus-
schreibt. Fast immer heißt es »Isr.« und schon aus diesem
Grund fällt es uns so schrecklich schwer, die im Sechstagekrieg besetzten Gebiete aufzugeben. Sie würden endlich Platz
für das bisher fehlende »-ael« schaffen.

Israel wird als einziges Land der Welt von Steuerzahlern
finanziert, die außerhalb seiner Grenzen leben. Es ist im
wahrsten Sinn des Wortes ein grenzenloses Land.

Es ist ein Land, in dem die Mütter von ihren Kindern die
Muttersprache lernen.

Es ist ein Land, in dem die Väter sauere Trauben gegessen
haben, damit die Kinder gesunde Zähne bekommen.

Die Einwohner dieses Landes schreiben hebräisch, lesen
englisch und sprechen jiddisch.

Jeder Bewohner dieses Landes hat das gesetzlich verbriefte
Recht, frei auszusprechen, was er denkt. Aber es gibt kein
Gesetz, das irgendeinen anderen Bewohner verpflichten wür-
de, ihm zuzuhören.

Israel ist, nicht zuletzt dank der freundlichen Mithilfe der
arabischen Welt, das aufgeklärteste, fortschrittlichste und
modernste Land der ganzen Gegend.

Wir haben in diesem Land sehr häufig Wahlen, aber nur
selten eine Wahl.

Der Staat Israel ist ein organischer Bestandteil seiner Ge-
werkschaften.

Israel ist ein Land, das beträchtlich weniger produziert, als es zum Leben braucht, und in dem trotzdem noch niemand Hungers gestorben ist.

Es ist ein Land, in dem niemand Wunder erwartet und jeder es als selbstverständlich hinnimmt, daß sie geschehen.

Es ist ein Land, dessen Einwohner in ständiger Lebensgefahr schweben, was sie aber weniger aufregt als das Radio, das in der Nachbarwohnung zu laut angedreht ist.

Es ist ein Land, dessen Soldaten nicht grüßen und nicht Habacht stehen können. Aber sie können kämpfen.

Es ist ein Land, in dem jeder Mensch ein Soldat und jeder Soldat ein Mensch ist.

Es ist das einzige Land, in dem ich leben kann. Es ist mein Land.

Aus Gründen der Vollständigkeit folgen hier einige Satiren und »Offene Briefe«, die schon in den Bänden »Wie unfair, David!« und »Arche Noah, Touristenklasse« enthalten sind.

Da sie vom Thema her unbedingt in den Rahmen des vorliegenden Buches gehören und zum Teil sowohl in der Originalausgabe wie in der englischen Ausgabe abgedruckt wurden, waren Autor und Verlag der Meinung, daß sie auch den Lesern dieses Buches nicht vorenthalten werden sollten.

Die Solidarität der Welt ist etwas Schönes und Herzerquikkendes. Auch unser junger Staat wäre dieser Solidarität teilhaft geworden, wenn sich nicht gegen Ende des Jahres 1956 der hebräische Goliath auf den hilflosen arabischen David gestürzt hätte.

133

Eines Tages im Mai brach der Krieg aus.

Die Armeen Ägyptens, Syriens und Jordaniens, die unter gemeinsamem Oberbefehl standen, überschritten die Grenzen Israels von drei Seiten. Die israelische Armee wurde durch diese Aktion zwar nicht überrascht, mußte sich aber, da sie keine schweren Geschütze und keine ausreichende Luftwaffe besaß, auf Abwehrmaßnahmen beschränken. An der arabischen Invasion beteiligten sich 3000 Tanks sowjetischer Herkunft und 1100 Flugzeuge. Warum es dem jüdischen Staat, der den Angriff der Araber seit langem erwartet hatte, nicht rechtzeitig gelungen war, sich mit den nötigen Waffen zu versorgen, wird wohl für immer ein Rätsel bleiben. Im Oktober 1956 kursierten unbestätigte Gerüchte über größere Mengen moderner Verteidigungswaffen, die Israel von einigen westlichen Großmächten erworben haben sollte, aber die Lieferung dieser Waffen hing offenbar von bestimmten Operationen im Rahmen der Suez-Kampagne ab und kam deshalb nie zustande. Außerdem wurden infolge bürokratischer Verwicklungen von 24 in Kanada angekauften Düsenjägern schließlich nur sieben geliefert.

Durch die Anfangserfolge der arabischen Invasion ermutigt, schlossen sich auch der Irak, Saudiarabien und Libanon dem Krieg gegen Israel an.

Die israelische Regierung richtete unverzüglich einen Appell an die Vereinten Nationen, deren komplizierter Verwaltungsapparat sich indessen nur langsam in Bewegung setzte. Für die Weltöffentlichkeit kam das Vorgehen der arabischen Staaten vollkommen unerwartet: hatte doch Nasser, der Führer des ägyptisch-syrisch-jordanischen Großreiches, erst wenige Wochen zuvor mit großer Entschiedenheit erklärt, daß seine Anstrengungen ausschließlich auf die Konsolidierung der Wirtschaft und auf die Hebung des Lebensstandards der von ihm beherrschten Länder gerichtet seien. Desto größer war jetzt das allgemeine Befremden. Besonders konsterniert zeigte man sich über die enorme Menge des sowjetischen Kriegsmaterials, das sich in arabischen Händen befand.

Noch ehe der Sicherheitsrat zusammentrat, hatte der Generalsekretär der Vereinten Nationen in einer energischen Sofort-Initiative zwei persönliche Emissäre in den Nahen Osten entsandt; da ihnen jedoch das ägyptische Einreisevisum verweigert wurde, mußten sie den Ereignissen von Kopenhagen aus folgen. Die für das Wochenende einberufene Tagung des Sicherheitsrates sprach sich für eine dringliche Resolution aus, mit der den kriegführenden Parteien die sofortige Feuereinstellung nahegelegt werden sollte. Das Stimmenverhältnis zugunsten der Resolution betrug 22 : 7 (wobei 46 Staaten, darunter England, Frankreich und der asiatische Block, sich der Stimme enthielten), doch scheiterte die endgültige Annahme am Veto des sowjetischen Vertreters, der seine Haltung damit begründete, daß das arabische Vorgehen einen neuen glorreichen Abschnitt im Freiheitskampf der unterdrückten Kolonialvölker eingeleitet habe. Der venezolanische Delegierte beschuldigte die Sowjetunion, die Kriegsvorbereitungen der arabischen Staaten aktiv gefördert zu haben, und der israelische Botschafter in Washington unterbreitete der Versammlung dokumentarische Beweise, daß die militärischen Aktionen der Araber unter unmittelbarer Leitung sowjetischer Offiziere und Fachleute stünden. Der sowjetische Delegierte bezeichnete die israelische Erklärung als eine »typisch jüdische Herausforderung«. Der Papst erließ einen Rundfunkappell zum Schutz der heiligen Stätten im Kampfgebiet.

Inzwischen hatten die arabischen Armeen alle größeren Städte Israels erreicht und unter schweres Bombardement genommen. Der Sicherheitsrat trat abermals zu einer dringlichen Beratung zusammen und beschloß abermals eine dringliche Resolution zum Zweck der sofortigen Einstellung aller Kampfhandlungen. Die Sowjetunion machte abermals von ihrem Vetorecht Gebrauch. Daraufhin kam unter amerikanischem Druck eine außerordentliche Plenarsitzung zustande, in der die Feuereinstellungs-Resolution angenommen wurde. Die Formulierung des Textes verzögerte sich allerdings um mehrere Tage, da der Originalentwurf eine »sofortige« Feuereinstellung befürwortete, während ein indonesischer Zusatzantrag diese Wendung durch »möglichst bald« zu ersetzen wünschte. Nach längeren Debatten einigte man sich auf die Kompromißformel »schleunig«.

Um diese Zeit wickelten sich die Kampfhandlungen bereits in den Straßen der israelischen Städte ab. Die USA drohten den kämpfenden Parteien schwere wirtschaftliche Sanktionen an, falls die Feindseligkeiten nicht innerhalb von fünf Tagen eingestellt würden. In einem Handschreiben an Nasser setzte sich Nehru für eine humane Behandlung der israelischen Zivilbevölkerung ein. Saudiarabien nationalisierte zur allgemeinen Überraschung die Aramco-

Ölgesellschaft. Der amerikanische Präsident befahl die Entmottung großer Teile der Flotte und richtete eine persönliche Botschaft an Chruschtschow.

Fünf Tage später erklärte sich das arabische Oberkommando zur Feuereinstellung bereit. Auf den vom Bombardement verschont gebliebenen Strandabschnitten der in Trümmer gelegten Städte Tel Aviv und Haifa richteten die Vereinten Nationen Zeltlager ein, in denen die 82 616 überlebenden Juden untergebracht wurden.

Und jetzt erwachte das Weltgewissen.

Die allgemeine Empörung erreichte ein Ausmaß, von dem sogar die Staaten des Ostblocks Notiz nehmen mußten. So schrieb die »Iswestja« in einem offiziellen Kommentar: »Die historische Entwicklung hat in ihrem unerbittlichen Vorwärtsschreiten auch vor Israel nicht haltgemacht und hat das tragische Schicksal dieses Werkzeugs der Imperialisten besiegelt. Israel, ein westlicher Satellitenstaat auf reaktionär-feudalistischer Grundlage, wurde bekanntlich von einer blutrünstigen Militärdiktatur beherrscht, doch fanden die Leiden seiner unterdrückten Bevölkerung seit jeher die aufrichtigste Anteilnahme im Lager des Friedens, welches unermüdlich und furchtlos für die Rechte der kleinen Völker eintritt. Es darf jedoch nicht übersehen werden, daß Israel durch die herausfordernde Haltung, die es dem Friedenslager gegenüber einnahm, seinen Untergang selbst herbeigeführt hat, einerseits infolge der verhängnisvollen Rolle, die dieses künstliche Miniaturgebilde als militärischer Stützpunkt des Westens spielte, und anderseits dadurch, daß die bis an die Zähne bewaffneten Juden ihren friedliebenden arabischen Nachbarn immer unverschämter als Aggressoren entgegentraten. Jetzt wird das jüdische Volk, dessen Geschichte in der kapitalistischen Gesellschaftsordnung durch viele Leidensepochen gekennzeichnet ist, abermals Zuflucht unter den gastfreundlichen Völkern der Erde suchen müssen. Es bedarf keines Hinweises, daß die Sowjetunion auch Menschen jüdischen Ursprungs als Menschen behandelt.«

Der Artikel der »Iswestja« blieb der einzige in der gesamten Sowjetpresse. Die Zeitungen der übrigen Ostblockstaaten beschränkten sich auf kurze, an unauffälliger Stelle untergebrachte Notizen. In der tschechoslowakischen Presse wurde der Vorfall überhaupt nicht erwähnt. Nur in Polen wagten sich ein paar mutige Stimmen hervor und deuteten an, daß der Jubel über Nassers Sieg nicht ganz ungetrübt wäre. Marschall Tito richtete an Nasser ein langes Glückwunschtelegramm. Für das arbeitende Volk Ungarns gratulierte der Parteisekretär.

Der Westen machte aus seiner Sympathie für Israel kein Hehl. Namhafte Politiker und bedeutende Persönlichkeiten des öffentlichen Lebens ergingen sich in düsteren Prognosen über die Zukunft der freien Welt. Winston Churchill bezeichnete die Liquidierung als »ein ewiges Schandmaul unseres Jahrhunderts«, und selbst der sonst so zurückhaltende Anthony Eden äußerte in einem Interview: »Die traurigen Ereignisse, deren hilflose Zeugen wir waren, machen es uns nun erst recht zur Pflicht, die Organisation der Vereinten Nationen mit allen Mitteln zu stärken.« Einen besonders tief empfundenen Nachruf auf Israel hielt Hugh Gaitskell im Unterhaus: »Sie waren unsere Freunde!« rief er mit bewegter Stimme aus. »Sie waren Helden und Sozialisten. Wir werden ihr Andenken hoch in Ehren halten.«

Auch die öffentliche Meinung der fortschrittlichen asiatischen Länder reagierte auf das Ereignis. Krishna Menon, der Vertreter Indiens bei den Vereinten Nationen, soll einer unbestätigten Agenturmeldung zufolge in privatem Kreis geäußert haben: »Wir können nicht umhin, das Vorgehen unserer arabischen Brüder zu mißbilligen.«

In Tel Aviv nahm Nasser, umgeben von hohen sowjetischen Offizieren, die Siegesparade ab. Die Kommunistische Partei des Irak bemächtigte sich in einem erfolgreichen Staatsstreich der Regierungsgewalt. König Ibn Saud erklärte sein Regime zur Volksdemokratie. In Washington wurden Befürchtungen laut, daß sich der sowjetische Einfluß im Nahen und Mittleren Osten unter Umständen steigern könnte; der Kongreß bewilligte eine zusätzliche Einwanderungsquote für 25 000 israelische Flüchtlinge. Diese großzügige Geste, unterstrichen von einer zündenden Rede des Präsidenten, wirkte in der ganzen Welt als leuchtendes Beispiel. Die Schweiz stellte sofort 2000 Durchreisevisa bereit, und Guatemala erhöhte die Einwanderungsgrenze für die Juden von 500 auf 750. Sozialistische Organisationen in vielen Ländern verurteilten in Massenversammlungen das arabische Vorgehen. Bei Studentendemonstrationen vor den westlichen Botschaftsgebäuden der arabischen Staaten gingen mehrere Fensterscheiben in Trümmer. Das Internationale Sekretariat des PEN-Clubs erließ ein Manifest, in dem das Erlöschen des Staates Israel als Verlust für den Weltgeist beklagt wurde. Die UNESCO budgetierte einen Betrag von 200 000 Dollar für die kulturelle Betreuung der Israel-Flüchtlinge. Das brasilianische Parlament hielt zum Zeichen der Trauer um Israel eine Schweigeminute ab. Japan und Süd-Korea schickten Medikamente. Die skandinavischen Länder erklärten sich zur Aufnahme einer unbeschränkten Anzahl israelischer Waisenkinder bereit. In Neuseeland kam es nach leidenschaftlichen öffentlichen Diskussionen zum Abschluß eines »Ewigen Freundschaftspaktes mit dem Andenken Israels«. Ein australischer Parlamentarier nannte die arabische Handlungsweise »infam«. Auf der Jahreskonferenz der jüdischen Organisationen Amerikas hielt der Vertreter des Unterstaatssekretärs eine Rede, in der er mit Einverständnis des Präsidenten bekanntgab, die Vereinigten Staaten würden »den Problemen der kleinen Völker in Hinkunft größere Aufmerksamkeit schenken und die Wiederholung ähnlich tragischer Ereignisse verhindern«. Ein Sprecher des State Departments ließ durchblicken, daß Israel an seiner Niederlage nicht ganz schuldlos sei, weil es versäumt habe, dem zu erwartenden Angriff der Araber rechtzeitig vorzubeugen.

Auch die Weltpresse ließ es an Bekundungen aufrichtigen Mitgefühls nicht mangeln. Die »New York Herald Tribune« gab eine umfangreiche »Israel-Gedenk-Sondernummer« heraus, in der die Brüder Alsop einen flammenden Artikel zum Lob der israelischen Demokratie veröffentlichten und auf den unwiederbringlichen Verlust hinwiesen, den die ganze demokratische Welt durch den Untergang dieses »Modellstaates« erlitten hätte. Im amerikanischen Fernsehen erklärte sich Ed Murrow für die zionistische Idee und äußerte wörtlich: »Jede jüdische Familie unseres Landes darf stolz sein auf Israels Heldenhaftigkeit!« Sogar der bis dahin eher anti-israelische »Manchester Guardian« schlug sich an die Brust und gab unumwunden zu, daß »die israelische Tragödie noch jahrhundertelang wie eine Fackel der Anklage unter den Fenstern des Weltgewissens brennen« würde.

Auf die Notwendigkeit, die neugeschaffene politische Situation praktisch zu regeln, wies als erster der sowjetische Außenminister Gromyko hin, der die Abhaltung einer Fünfmächte-Konferenz in Kairo »unter Teilnahme aller interessierten Parteien« vorschlug. In einer weiteren Manifestation ihres guten Willens richtete die Sowjetregierung an Nasser das Ersuchen, für die Evakuierung der israelischen Flüchtlinge keine übertrieben hohen Schadenersatzansprüche zu stellen. Dieser humane Schritt des Kreml machte allseits den günstigsten Eindruck.

Überall waren die israelischen Flüchtlinge Gegenstand größter Zuneigung und Bewunderung. Die Wogen der Begeisterung für den Staat Israel gingen höher als jemals während seines Bestehens. Zahlreiche Städte beschlossen, eine ihrer Hauptstraßen in »Israel-Straße« umzunennen. Eine Gedächtnissitzung der Vereinten Nationen billigte nahezu einstimmig (!) den Vorschlag, die israelische Flagge nicht von ihrem Mast einzuholen und den Sitz des israelischen Delegierten leer zu lassen. Die Tagung erreichte ihren Höhepunkt, als der sowjetische Delegierte vollkommen unerwartet die Abhaltung eines »Israel-Tages« beantragte. Einverständnis und Eintracht waren so allgemein, daß man sich endlich begründete Hoffnungen auf den lang ersehnten Weltfrieden machen durfte. Eine schönere, glücklichere Zukunft schien sich anzubahnen. Israel war zum Symbol der Gerechtigkeit und der Moral geworden.

Leider beging Israel den Fehler, eine solche Wendung der Dinge nicht abzuwarten. Es ist ihr durch den Sinai-Feldzug von 1956 bis auf weiteres zuvorgekommen und hat damit eine einzigartige Gelegenheit versäumt, sich die Sympathien der Welt zu sichern. Gott allein weiß, wann man uns diese Gelegenheit wieder bieten wird.

Lieber König!

Entschuldigen Sie die vertrauliche Anrede, aber Sie wissen ja, daß Sie uns nicht nur geographisch nahestehen. Wir hatten seit jeher eine Schwäche für Sie. Wir gaben immer wieder zu erkennen, daß wir Sie für etwas Besseres halten als die übrigen arabischen Landesväter. Wir haben den Thron, den Ihr Großpapa als erster bestieg und an dem Sie so tapfer hängen, mehr als einmal durch allerlei Winkelzüge vor dem gierigen Zugriff Nassers bewahrt. Wir haben Sie gehegt und gepflegt und gehätschelt. Gerade daß wir Ihnen keine Waffen geliefert haben. Und jetzt, plötzlich — was ist in Sie gefahren, alter Freund Hussein? Warum mußten Sie mit diesem Nasser, von dem Sie sich zwölf Jahre lang nicht kleinkriegen ließen, zwei Tage vor seinem Debakel gemeinsame Sache machen? Jetzt haben Sie die Bescherung.

Sie waren allerdings nicht der einzige, der uns auf den Leim gegangen ist. Große, erfahrene Staatsmänner tappten gleich Ihnen in die Falle, an der wir insgeheim schon seit langem gebastelt hatten, um unsere Feinde und sogar unsere Freunde zu täuschen. Oder haben Sie wirklich geglaubt, dies alles wäre nicht ganz genau berechnet gewesen? Hussi, Hussi . . . Also damit Sie's wissen:

Vor sechs oder sieben Jahren faßten wir den Entschluß, die Altstadt von Jerusalem ihrer ursprünglichen Bestimmung zuzuführen und ihre erzwungene Abtrennung — die wir als widernatürliches Ergebnis eines gegen uns gerichteten Angriffskriegs empfanden — rückgängig zu machen. Aber, so sagten wir uns, um das tun zu können, müßten wir aufs neue angegriffen werden. Und wie, so fragten wir uns, sollten wir die Araber dazu verleiten, uns anzugreifen? Die denken doch gar nicht daran. Die haben ganz andere Sorgen. Und keinesfalls werden sie sich auf etwas einlassen, solange Ben Gurion an unserer Spitze steht.

Es war klar: der Alte mußte weg. Zu diesem Zweck erfanden wir die Lavon-Affaire, einen mißglückten Spionagefall, über den wir manches veröffentlichten und manches nicht, Sie erinnern sich noch. Tatsächlich hatten wir die Genugtuung, daß diese undurchsichtige Angelegenheit allenthalben als Ursache für den Rücktritt des Alten akzeptiert wurde. Der Anfang war gemacht. Dann begannen wir, Levi Eschkol als weichlichen Kompromißler aufzubauen. Auch das klappte. Und Abba Eban wußte sich einen ähnlichen Ruf zu verschaffen.

So brachten wir Nasser allmählich auf den Gedanken, daß die Zeit für unsere heilige Vernichtung reif sei und daß er leichtes Spiel mit uns haben würde. Nur eines stand unseren Plänen noch im Weg: die Blauhelme der Vereinten Nationen im Gazastreifen. Nun, da vertrauten wir auf U Thant — und wahrlich, er hat uns nicht enttäuscht. Die UNO-Truppen wurden abgezogen, Nasser bezog seine Angriffsstellungen auf der Halbinsel Sinai und schloß die Meerenge von Tiran, ganz so, wie wir's geplant hatten.

Aber das alles war uns nicht so wichtig wie die Altstadt von Jerusalem. Um die ging es uns ja in erster Linie. Und dazu war es unerläßlich, daß Sie, lieber König, sich mit unserem lieben Nasser verbündeten. Von Stund an beschäftigte uns nur noch die Frage, wann dieser Pakt zustande käme.

Tag um Tag verstrich, ohne daß etwas geschah. Die Spannung wuchs ins Unerträgliche. Wir wandten die tückischesten Mittel an, um den Abschluß des Paktes herbeizuführen, wir baten die großen Seemächte um Rechtsschutz, damit sie in aller Offenheit vertragsbrüchig werden konnten, wir überredeten de Gaulle, uns fallen zu lassen. Was taten wir nicht alles, um Sie und Nasser zusammenzubringen!

Endlich ging unsere Rechnung auf. Sie flogen nach Kairo, küßten Nasser waffenbrüderlich auf beide Backen, kehrten in Begleitung Ihres alten Freundes Shukeiri nach Hause zurück und ließen Ihre Truppen gegen uns aufmarschieren. Es war soweit. Wir unsererseits nahmen Mosche Dajan in die Regierung, und der Rest ist Geschichte.

Daß sie auf Ihre Kosten gehen mußte, lieber König, tut uns aufrichtig leid, aber wir können uns nicht helfen. Gegen unsere brennende Sehnsucht nach Jerusalem sind sogar wir selbst machtlos. Seit rund zweitausend Jahren ist diese Sehnsucht in unseren Gebeten verankert und seit rund zwanzig Jahren in unseren hautnahen Vorstellungen und Lebensbedürfnissen. Man könnte beinahe von einer Zwangsneurose sprechen. Jedesmal, wenn wir Jerusalem als »heilige Stadt« bezeichnet hören, zucken wir zusammen und fragen uns, wer es denn eigentlich zur heiligen Stadt gemacht hat. Und dann vergessen wir alles andere. Wir vergessen, daß Jerusalem schon immer zweigeteilt war, daß das Mandelbaumtor schon immer die einzige und für uns unpassierbare Verbindung zwischen den beiden

Stadtteilen darstellte, daß man aus dem arabischen Teil schon immer in den jüdischen herüberschießen konnte — wir vergessen, kurzum, daß Jerusalem durch uralte Tradition mit dem ehrwürdigen Königreich Jordanien verbunden ist. Wir sind unzurechnungsfähig. Als gestern an der Klagemauer das Schofar geblasen wurde, haben mehr als zwei Millionen erwachsene Menschen geweint wie die Kinder. Sie müssen Nachsicht mit uns haben, lieber König.

Die häßlichen Armeebefehle, mit denen Sie Ihre Soldaten zur Ausrottung unseres Volkes aufforderten, wollen wir Ihnen nicht weiter nachtragen. Auch Sie haben unter Zwang gehandelt. Jetzt sind wir beide den Zwang losgeworden. Vielleicht sollten wir das zum Anlaß eines neuen Beginnens nehmen? Es würde auch Ihnen nur gut tun. Lassen Sie sich von Ihren ägyptischen Freunden, die bis zum letzten Jordanier gekämpft haben, nicht mehr für dumm verkaufen, und machen Sie von den heimlichen Sympathien Gebrauch, die wir Ihnen nach wie vor entgegenbringen. Wir erwarten Ihre Nachricht. Jerusalem, altpostlagernd.

Mon Général!

Sicherlich wußten Sie, daß wir Ihnen heute schreiben würden. Sie wissen ja alles im voraus.

Wir schreiben Ihnen mit großer Trauer im Herzen, obwohl wir an Enttäuschungen gewöhnt sind und uns über die internationale Politik keine Illusionen machen. Die Volksmeinung ist immer für uns, und die Außenministerien sind immer gegen uns. Das ist das Gesetz der großen Zahlen, und damit haben wir uns abgefunden. Aber daß auch Sie, mon Général, uns verraten haben, tut weh. Nicht nur deshalb, weil ein Wortbruch zu einem General besonders schlecht paßt, noch viel schlechter als zu den anderen, die jetzt wortbrüchig geworden sind. Und nicht nur deshalb, weil wir Sie bisher für unseren einzigen echten Freund und Verbündeten gehalten haben. Sondern weil Ihr Wortbruch auch noch ein politischer Fehler war, wie wir ihn gerade von Ihnen nicht erwartet hätten. Sie haben sich mit ein paar jämmerlichen, bankrotten Diktatoren angebiedert und für ihr anerkennendes Schulterklopfen die Sympathien der ganzen freien Welt hingegeben, vielleicht sogar die Sympathien Ihres eigenen Volkes. Das soll gute Politik sein? So handelt der große Europäer de Gaulle, dieser Leuchtturm staatsmännischer Weisheit, dessen Licht über ganz Europa strahlte?

Aber auch als General können wir Sie nicht mehr so hoch einschätzen wie früher. Sie verurteilen uns als Aggressoren, weil wir angeblich den ersten Schuß abgefeuert haben. Mit dieser albernen Phrase nehmen Sie es ganz genau, viel genauer als mit dem uns gegebenen Wort. Aber selbst wenn Sie im Recht wären, mon Général: dürfen wir fragen, wie Sie in der gleichen Lage gehandelt hätten? Hätten Sie einem zahlenmäßig weit überlegenen Gegner, der sich aus längst vorbereiteten Stellungen von allen Seiten her zu Ihrer Vernichtung anschickt, auch noch gestattet, gemächlich den für ihn günstigsten Augenblick zu bestimmen, in dem geschossen werden soll? Mit *dieser* Auffassung von Strategie sind Sie General geworden?

Wie traurig, wenn sich ein Feldherr plötzlich in einen Rekruten verwandelt und ein Leuchtturm in eine Taschenlampe ...

Es ist Ihr gutes Recht, alles zu tun, wovon Sie glauben, daß es den Interessen Frankreichs nützt. Uns bleibt nur das Recht, eine der schmerzlichsten Enttäuschungen zu schlucken, die uns jemals zugefügt wurden. Im übrigen wird sich an der Politik und an der Haltung Israels nichts ändern. Wir werden, wenn Sie sich entschließen, wieder Geld von uns zu nehmen, auch weiterhin französische Flugzeuge kaufen, wir werden das französische Volk, die französische Sprache und Kultur weiterhin lieben. Aber wir werden heuer im Sommer nicht nach Paris fahren und überhaupt bis auf weiteres nicht. Aus Rücksicht auf Sie, mon Général. Es könnte ja sein, daß Sie einem von uns begegnen — und vielleicht wären Sie dann nicht imstande, ihm in die Augen zu schauen. Vielleicht schämen Sie sich ein wenig, mon Général.

Werter Genosse Kossygin!

Ob Sie es glauben oder nicht — wir haben erst gestern von Ihnen gesprochen, meine Frau und ich. »Weißt du, was ich täte, wenn ich Kossygin wäre?« fragte ich sie. — »Was?« fragte sie zurück. — »Ich würde mich säubern«, sagte ich. — »Warum?« fragte sie. Und daraufhin begann ich es ihr zu erklären.

Sie müsse sich vorstellen, sagte ich, wie dem werten Genossen zumut sei, wenn er die Ereignisse der letzten Zeit überdenkt. Da waren also 60 Millionen Araber, deren Ziel darin bestand, den Staat Israel auszulöschen und seine $2^1/_2$ Millionen Juden ins Meer zu treiben. Nun hat der werte Genosse, wie so viele fortschrittliche Menschen, die Juden nicht besonders gern, denn sie stören den Fortschritt. Sie stören ihn dadurch, daß sie ihn ernst nehmen oder daß sie an Gott glauben oder an Menschlichkeit und Gerechtigkeit. Außerdem sind sie immer wieder in Pogrome und ähnliche schmutzige Angelegenheiten verwickelt. Kurz und gut: sie stören. Schon aus diesem Grund hat also der werte Genosse gegen die Pläne der Araber nichts einzuwenden. Sein großes sozialistisches Herz weitet sich, und seine friedliebenden Waffenlager öffnen sich. »Nehmt, Brüder, nehmt«, sagt er. Und die Araber bestellen. »Bitte 100 Migs zu verpacken ... und 15 neue U-Boote ... auch von diesen hübschen grünen Panzerwagen möchten wir ein paar Dutzend haben ...« und was man eben braucht.

Natürlich braucht man dazu auch eine gewisse Schulung. Also übt man im Jemen das Zusammenschießen von Beduinen, übt Bombenangriffe auf wehrlose Dörfer und — weil man doch auch selbst eine Kleinigkeit beisteuern will — die Verwendung von Giftgas. Das Ergebnis ist so eindrucksvoll, daß die Vereinten Nationen und ihr hoch über dem Getriebe stehender Generalsekretär vor Respekt verstummen. Nachdem die gelehrigen Schüler noch bei diversen Siegesparaden ihren außerordentlichen Kampfgeist bewiesen haben, besteht kein Zweifel mehr, daß sie bereit und fähig sind, ihre lang proklamierten Vernichtungspläne gegen Israel zu verwirklichen. Der werte Genosse gibt seinen Segen, der werte Generalsekretär wird in Kairo von einer begeisterten Menschenmenge mit dem tobenden Ruf »Wir wollen Krieg, wir wollen Krieg!« empfangen, und da es nicht seine Aufgabe ist, dem Volkswillen entgegenzuhandeln, erläßt er sofort die entsprechenden Anordnungen: er schickt die Feuerwehr nach Hause, damit sie den Brand nicht gefährdet.

Jetzt ist alles wunschgemäß vorbereitet, nur die USA, diese ewigen Kriegshetzer, stehen noch im Wege, wenn auch nicht sehr. Der werte Genosse greift zum Privattelefon und bringt die Sache durch ein intimes Gespräch mit Präsident Johnson in Ordnung. »Auf meiner Seite stehen zehn Kämpfer und auch auf deiner Seite steht einer«, sagt er. »Wenn niemand von uns beiden sich einmischt, siegt die Gerechtigkeit.« Wohl oder übel muß sich Johnson dieser Logik beugen. Und schon geht's los. Kairo meldet schwere Straßenkämpfe in Tel Aviv, die arabische Legion vollendet die Eroberung Jerusalems, die Syrer machen die israelischen Siedlungen, die immer auf ihre Bergstellungen hinaufgeschossen haben, dem Erdboden gleich. Und der werte Genosse geht mit dem wunderbaren Gefühl schlafen, daß wieder ein großer Schritt zur Verwirklichung des Sozialismus getan ist. Am nächsten Morgen wacht er auf und ruft den Chef seines Nachrichtendienstes. »Nun«, fragt er, »wo stehen Nassers Truppen?« — »Auf dem Papier«, antwortet jener. »In Wirklichkeit laufen sie«. — »Und die unbezwinglichen Legionäre des jordanischen Sozialismus?« — »Bekamen von ihrem fortschrittlichen König soeben den Befehl, die feindlichen Panzer mit Zähnen und Fingernägeln zu vernichten. Etwas anderes haben sie nicht mehr.«

In diesem Augenblick läutet das Telefon, und Johnson erkundigt sich aus Washington, wie das Wetter in Moskau ist. Und das, so erklärte ich meiner Frau, war der Augenblick, in dem ich mich, wenn ich Kossygin wäre, gesäubert hätte.

Werter Genosse Kossygin, man kann sich wirklich auf nichts und niemanden verlassen, nicht auf Johnson und nicht auf die Araber und nicht einmal auf Eschkol. Auch er ist umgefallen. Denn daß er sich im letzten Augenblick entschlossen hat, Mosche Dajan in die Regierung zu nehmen, war einfach niederträchtig. Ihr UNO-Vertreter Fedorenko hatte ganz recht, uns mit den Nazis zu vergleichen. Überhaupt muß seine Rede auf jeden anständigen Menschen den tiefsten Eindruck gemacht haben. Immer, wenn er auf seinen Zettel sah, um sich eine neue Inspiration zu holen, diente er der Sache des Friedens und des Fortschritts: »Aggressoren ... Gangster ... Lügner ... Mörder ... Kriegsverbrecher ... Faschisten ... Nazis ...« — der Wucht dieser Argumente konnte sich niemand verschließen. Was half es da unserem Vertreter Rafael, in der gehässigsten Weise die Erinnerung an das Jahr 1940 heraufzubeschwören, als Sie gewisse Schwierigkeiten hatten, die Aggression des finnischen Kolonialismus zurückzuschlagen. Was half es unserem Außenminister, die zahllosen Verletzungen der UNO-Charta aufzuzählen, deren Ihr Land im Laufe der Jahre schuldig geworden ist. Die wahren Provokateure sind wir. Einfach dadurch, daß wir vorhanden sind.

Und wissen Sie was, werter Genosse Kossygin? Wir gedenken es zu bleiben.

Jetzt, da der leichtere Teil des Kriegs beendet ist und die besten Kräfte unseres Landes sich zum entscheidenden Kampf mit der »Rafi«-Partei* rüsten, erinnern wir uns voll Wehmut jener messianischen Tage, die wir vor Ausbruch des Kriegs und während seiner kurzen Dauer erleben durften. Die abrupte Veränderung unseres Volkscharakters begann mit dem Abzug der UNO-Truppen aus dem Gazastreifen. Damals geschah es, daß auf den Straßen unserer Städte, im glühenden Schatten der Verkehrsampeln, die Besitzer hebräischer Fahrzeuge einander nicht mehr mit abgrundtiefem Widerwillen ansahen; manchmal blinkten in ihren Augen sogar ganz kleine Funken einer freundschaftlichen, ja familiären Annäherung auf.

»Ihr dort«, sagten die Blicke, »wir gehören zusammen, nicht wahr.«

Mit jeder neuen Voreiligkeit Nassers wurden neue, erhabene Maßstäbe für unseren Alltag gesetzt. Höflichkeit, Entgegenkommen und gute Manieren griffen wie ein verzehrendes Feuer um sich. Nachbarn grüßten einander, Kinder hatten Respekt vor Erwachsenen, in den Geschäften herrschte ein angenehm kultivierter Ton:

»Nach Ihnen, gnädige Frau. Sie haben Eile.« — »Aber ich bitte Sie, mein Herr. Sind wir denn nicht alle Juden?«

Unser Dasein nahm biblische Formen an. Wir liebten unseren Nächsten wie uns selbst. Als der unheimlich instinktsichere Hussein nach Kairo flog, um sich in Nassers Arme zu werfen, gingen bei uns wildfremde Menschen Arm in Arm durch die Straßen und beteten zu Chaim Herzog und Jizchak Rabin. Wir verehrten die Armee, die Feuerwehr und den Steuerbeamten, wir bewunderten den Verkehrspolizisten, der sein verantwortungsvolles Amt bekanntlich unter schweren Bedingungen ausübt. Wir waren vorbildliche Bürger, wir blieben gelassen, wir sprachen leise, selbst über die uns bevorstehenden Prüfungen diskutierten wir in aller Ruhe, wie es sich für

---

* Die von Ben Gurion geführte »Rafi«, der auch Mosche Dajan angehört, ist eine Abspaltung der regierenden »Mapai« des Ministerpräsidenten Eschkol. Bald nach Beendigung des Kriegs wurden Verhandlungen aufgenommen, um die beiden Parteien wieder zusammenzuführen.

das Volk des Buches geziemt. Wenn jemand in der Öffentlichkeit nieste, trafen ihn tadelnde Blicke: »Jetzt? Wo irakische Truppen gerade in Jordanien einmarschieren?!«

Es war eine große Zeit. Man erzählt, daß im Norden Tel Avivs von mysteriöser Seite Schulden gezahlt wurden, die nicht älter waren als sechs oder sieben Jahre. Unbekannte junge Männer gingen graben, ganz egal was. Ihre Schwestern wurden Luftschutzhelferinnen, ihre Mütter Schwestern. An dem Tag, als de Gaulle bekanntgab, daß er uns nicht nur keine Flugzeuge mehr liefern würde, sondern auch keine Ersatzteile für die schon gelieferten — an diesem herrlichen Tag war es in Jaffa unmöglich, Kinokarten zu kaufen, weil jeder, der an die Kasse kam, sofort erklärte, der Nächste sei vor ihm an der Reihe.

Und erst das edle Brauchtum des Autostops! Die menschliche Sprache reicht nicht aus, um zu schildern, was sich da an Aufopferung und Uneigennützigkeit abspielte. Kaum hatte uns Genosse Fedorenko in den Vereinten Nationen mit den Nazis verglichen, sah man städtische Autobuslenker ganz deutlich nach einsamen Soldaten Ausschau halten, um ihnen eine Gratisfahrt anzubieten. Die Besitzer von Privatautos luden grundsätzlich nur ältere Damen mit Brille zum Mitfahren ein, damit nur ja kein Zweifel an ihren Absichten entstünde.

Nach einiger Zeit machten sich allerdings gewisse Zersetzungserscheinungen bemerkbar. Als wir den Suezkanal erreicht hatten, wurden zwar immer noch bebrillte Damen mitgenommen, aber die Dickeren unter ihnen mußten warten.

Nach der Eroberung von Ramallah wurden Männer, die mit allzu vielen Paketen beladen waren, unauffällig übersehen. Und als nach Hussein und Nasser auch die Syrer klein beigaben, drohte der altgewohnte Mittelmeerstil sich wieder breitzumachen. Gestern wurde ich bereits von einem Lastwagenfahrer angebrüllt, weil ich sein Vorfahrtsrecht nicht beachtet hatte:

»He!« brüllte er. »Siehst du nicht, daß ich von rechts komme, du Idiot?«

»He«, brüllte ich zurück. »Weißt du nicht, daß die Russen neue Panzer an Ägypten liefern?«

»Fahren Sie, mein Herr«, lautete die Antwort. »Ich kann warten.«

Nein, die Zeit der Normalisierung ist noch nicht gekommen. Noch wirken sich die Maßnahmen der friedliebenden sozialistischen

Staaten vorteilhaft auf unsere Lebensführung aus, und unser neues Minderheits-Amt hat alle Hände voll zu tun, um sich der jüdischen Bevölkerung anzunehmen. Aber wer weiß, wie lange der Höflich-keits-Ausnahmezustand dauern wird ...

Bitte beachten Sie
die folgenden Seiten

Curt Goetz/
Valérie
von Martens:

Die
Verwandlung
des Peterhans
von Binningen

Ullstein Buch 487

Curt Goetz hatte seine Lebensgeschichte auf drei Bände angelegt. Aber nur den ersten konnte er selbst abschließen. Valérie von Martens unternahm es, nach dem Tode ihres Mannes die hinterlassenen Manuskripte mit ihren eigenen Erinnerungen abzurunden. Jeder, der Curt Goetz und Valérie von Martens auf der Bühne gesehen hat, wird mit Freude feststellen, wie vollendet sich die beiden Partner auch hier ergänzen.

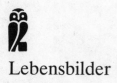

Lebensbilder

Wolfdietrich Schnurre

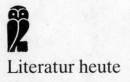

Literatur heute

S. Fischer-
Fabian

Deutschland
kann lachen
Ullstein Buch 2736

Berlin
Evergreen
Ullstein Buch 3005

Europa kann lachen
Ullstein Buch 3284

ein Ullstein Buch

Erich Kästner

ein Ullstein Buch

Giovannino Guareschi

Don Camillo und die Rothaarige

Mit 18 Federzeichnungen
des Autors

Ullstein Buch 2890

In die verträumten Dörfer der
Po-Ebene ist die Gegenwart
eingezogen. Sehr zum
Kummer von Don Camillo
und Peppone. Denn die
langhaarigen Rocker mit ihren
Motorrädern und kurz-
berockten Freundinnen
bringen nichts als Unruhe,
und die Maoisten drohen,
dem Genossen Bürgermeister
die Hölle heißzumachen.
Don Camillos Nichte ist
jedoch das ärgste Übel — die
Rothaarige scheint der leib-
haftige Teufel zu sein . . .

ein Ullstein Buch

Hermann Mostar

ein Ullstein Buch

Gerald Durrell

Meine Familie und anderes Getier

Ullstein Buch 2733

Jerry, das jüngste der vier Kinder seiner leicht verrückten Familie, jagt in den Olivenhainen und Weingärten Korfus und den Wassern der Adria auf alles, was fleucht und kreucht, und scheut sich nicht, seine krabbelnde Beute ins traute Heim zu schleppen. Eine mitreißende Komödie vor einer paradiesischen Kulisse.

Ein Koffer voller Tiere

Ullstein Buch 2790

Wie fange ich mir meinen eigenen Zoo? Diese Frage hat Gerald Durrell von Jugend an nicht losgelassen. Er fand die Idee, einmal einen Tierpark für sich allein zu besitzen, so faszinierend, daß er sich eine Tages mit seiner Frau nach Afrika aufmachte...

ein Ullstein Buch

Heiterkeit kennt keine Grenzen

Humor der Welt
gesammelt
von Erich Kästner

Band 1
Ullstein Buch 2827

Band 2
Ullstein Buch 2855

Band 3
Ullstein Buch 2870

Erich Kästner hat sich
aufgemacht, den Humor
außerhalb des deutschen
Sprachgebiets zu erforschen
und legt hier wahrhaft
reiche Beute vor: Kabinett-
stücke geschriebenen und
gezeichneten Humors. Vieles
stammt aus den Federn
großer und bekannter
Literaten und Zeichner, aber
auch die weniger berühmten
hat Kästner aufgespürt
und entdeckt und bereichert
damit diese Palette des
Humors.

ein Ullstein Buch